遊びが育つ保育Ⅱ
遊びとクラス活動のデザイン

河邉貴子（聖心女子大学）
田代幸代（共立女子大学）
事例：東京学芸大学附属幼稚園

はじめに

　私たちは2016年度より月刊誌『保育ナビ』に「遊びが育つ保育」というテーマで連載を続けています。子どもにとって遊びが重要であることはわかっていても、遊びをどう理解しかかわったらよいかに多くの保育者が悩んでいます。そこで解決の糸口を探るべく毎年切り口を変えて、様々な角度から遊びの理解と援助について迫ってきました。

　遊びは子どもが環境にかかわって生み出す発意の活動ですから、子どもの主体性は最大限尊重されなければなりません。しかしそれはただ子どもが遊ぶがままに任せていればよいということを意味しません。友だちとかかわりながら遊びを創り出す途上で、新しい環境が必要になったり、様々に生じる課題を乗り越えるための保育者の援助が必要になったりします。保育者の適切な理解に基づく環境の構成や直接的な援助が必要であることは言うまでもありません。「遊びが育つ保育」とは、子どもと保育者が共に応答的な関係を築きながら、充実した遊びが展開される保育を指すのです。

　2020年には、『遊びが育つ保育〜ごっこ遊びを通して考える』(フレーベル館) を刊行しました。これは子どもの遊びの中でも頻度高く取り組まれる「ごっこ遊び」に焦点を当て、遊びの読み取りと援助のあり方について連載をまとめ直したものです。本書はその第2弾という位置付けになります。

　切り口は、遊びとクラスみんなで取り組む活動、いわゆる「一斉活動」と言われている活動の関係です。1章では、遊びの充実を図るために、なぜクラス活動に着目するのかを論じます。2章以降は、遊びとクラス活動の関係をどのようにデザインすると遊びの充実につながるかを、実践事例を通して考えます。

　今回も東京学芸大学附属幼稚園の先生方に実践事例を執筆していただきました。先生方は子どもをよく観察し、どうしたら子どもが遊びの中で様々な経験を積み重ねることができるかを常に考えて1日の保育をデザインしています。良き実践から学ぶ機会を提供してくださったことに心から感謝して、本書をスタートしたいと思います。

河邉貴子

もくじ

遊びが育つ保育Ⅱ
遊びとクラス活動のデザイン

はじめに…02

1章 — 遊びとクラス活動

1 なぜ、クラス活動に着目するのか…06
2 クラス活動の意義…11

コラム・これまでの保育論から学ぶ①…16

2章 — 遊びからつながるクラス活動

1 「帰りの会」からつながる遊び…18
2 子どもの実態から計画するクラス活動…24
3 1人の気づきからみんなの表現へ…30
4 新しい遊びをみんなが楽しめる遊びへ…36

コラム・これまでの保育論から学ぶ②…42

3章 — クラス活動から広がる遊び

1 集団で遊ぶ楽しさを経験するクラス活動（鬼遊び）…44
2 挑戦意欲を高めるクラス活動（なわ）…50
3 遊びの幅を広げるクラス活動（ボール）…56

コラム・これまでの保育論から学ぶ③…62

4章 — 遊びと行事

1 本物に触れる体験から遊びへ…64
2 体を動かす喜びから運動会へ…70
3 遠足での体験から遊びへ…76
4 日頃の遊びから生活発表会へ…82

5章 — 長期的なまなざしで見る遊びとクラス活動

1 クラス活動と遊びの多層的な関連…92
2 遊びと生活の集大成から園行事を創る…99

おわりに…103

1章 遊びとクラス活動

1日の保育の流れの中では、子どもが自分で遊びを選択して
探究する時間もあれば、クラスの友だちと一緒に
1つの活動に取り組む時間もあります。
そのどれもが子どもにとって意味あるものになるよう、
保育者は子どもの興味・関心を基軸に柔軟に
保育をデザインする必要があるでしょう。
本章では本書でなぜクラス活動に着目するかについて押さえます。

1 なぜ、クラス活動に着目するのか

本書の目的

　月刊『保育ナビ』誌上において、2016年度より「遊びが育つ保育」を連載し続けてきました。子どもが取り組んでいる様々な遊びの事例を取り上げて、遊びのおもしろさに向けて子どもが自己を最大限に発揮するには、保育者が遊びをどう理解し、どう環境を構成したりかかわったりすることが可能かを考えてきました。本書では切り口をかえて、クラス全員が一緒に何かに取り組む時間である「クラス活動」に焦点を当て、遊びの充実との関係を探ります。

　本章ではまず「クラス活動」に着目する理由について述べます。

　私たちの前著『遊びが育つ保育〜ごっこ遊びを通して考える』では、3歳児から5歳児へとごっこ遊びが育っていくプロセスを明らかにしました。それは同時に、子どもの「人とのかかわりの育ち」や「集団の発達」を明らかにすることでもありました。保育は集団生活の場ですから、子どもの生活の拠点であるクラス集団の育ちと遊びの育ちは切り離すことはできません。保育者は一人ひとりの子どもの遊びの充実を図るのと同時に、子どもたちが集団生活に安心と喜びを感じ取っていかれるように居心地の良いクラス集団を創っていきます。クラスのみんなが一緒に取り組むクラス活動の時間は、クラスの集団作りにおいて大きな役割を果たすことになります。

　そこで本書では、それぞれの子どもが自己選択する「遊び」と、クラスみんなで同じ活動に取り組むことの多い「クラス活動」の関係性を有機的に捉え、遊びの充実に貢献できるクラス活動とは何か、どう1日の保育をデザインすることが遊びの充実に有効か等を、実践事例を通して明らかにしていきます。

「自由」か「一斉」かを超えて

　遊びを中心とした保育においては、いわゆる「好きな遊び」とか「自由遊び」と呼ばれている子どもが自分で選んだ遊びを探究する時間が保障されています。どこで、だれと、何をして遊ぶか等、子どもは様々なことを自己決定します。ゆえに、遊びを中心とした保育を標榜する園は、長らく「自由保育」の園と呼ばれてきました。一方、保育者主導の活動で1日が構成される保育の園は「一斉保育」と呼ばれ、「自由保育」と対比的な捉え方をされてきました。

　平成元年の『幼稚園教育要領』のドラスティックな改訂以降、遊びは幼児期の子どもにとって重要な学習であると位置付けられて、多くの園が遊びを中心とし

た保育へと切り替える努力を重ねてきました。しかし、「自由」か「一斉」かのイメージがいまだ尾を引き、「遊び」と「クラス活動」の有機的な関係については理解も実践も深まっていないように思われます。すなわち、「遊び」の主体者は子どもで、「クラス活動」を提案する主体者は保育者であるという二分化したイメージがいまだ根強く残っているということです。

いわゆる「自由遊び」といわゆる「一斉活動」は対極ではありません。「遊びを中心とした保育」とは、子どものなすがままに任せる保育ではなく、また、教え導くことを前面に押し出して、子どもの生きる文脈とは関係ないことを一方的に教示する保育でもありません。子どもの自発性を尊重し、能動的な学び手として成長していく子どもを支える保育です。子どもが発達に必要な経験を1日のすべての活動を通して積み重ねていくことができるように、保育者は環境を構成したり、柔軟な保育形態をとったりしながら、保育をデザインしていきます。

どこでだれと何をして遊ぶかという自己決定の要素が最も高い、いわゆる「好きな遊びの時間」も、時間と空間とテーマは限定的であるけれども仲間と集うことの喜びを味わう「クラス活動の時間」（「サークルタイム」とか「集いの時間」

と呼ぶ園もあります）もなくてはならない経験であり、保育者は集団と個の成長が絡み合うように保育をデザインしていく必要があります。

保育者が遊びの中で必要な援助を考え行うことは言うまでもないことですが、クラス集団のつながりを育てることや、友だちとの応答性を高め、共通体験や共有体験から遊びのイメージの共有につながるようにすることも大切なのです。そして、それを効果的に子どもたちに提案できるのがクラス活動と言えます。クラス活動は保育者の一方的な考えで展開するものではなく、子どものその時々の興味・関心と往還的な関係を結んで、内容を精選していきます。

エマージェントカリキュラム

子どもの始めた遊びと、保育者が提案するクラス活動とを有機的に関連付けていこうとする試みは、保育カリキュラムの問題であり、1970年代にアメリカで提唱され、1980年代に盛んに研究された「エマージェントカリキュラム」の考え方と合致します。保育者が目標を立て、目標達成のための活動を立案する一般的なカリキュラムとは異なり、子どもが創発する（エマージェント）活動を継続的に観察し、そこに保育者の興味・関心も重ね合

わせて指導を計画していくのがエマージェントカリキュラムです。子どもが生み出す活動が指導を計画する際の起点となるため、保育者は、子どもたちが何をどのように遊んでいるのかの詳細を観察し、子どもたちの思考、意図、理解や課題を明らかにし、遊びの中にある意味や探究の方向を見つけて、環境を構成したりフィードバックしたりします。伝統的な順序性に即した指導から、子どもと保育者との「対話」によって保育の方向を生成するカリキュラムへと考え方を転換したものです。

保育者は子どもの自然発生する興味に

資料1：5歳児のある1日の流れ

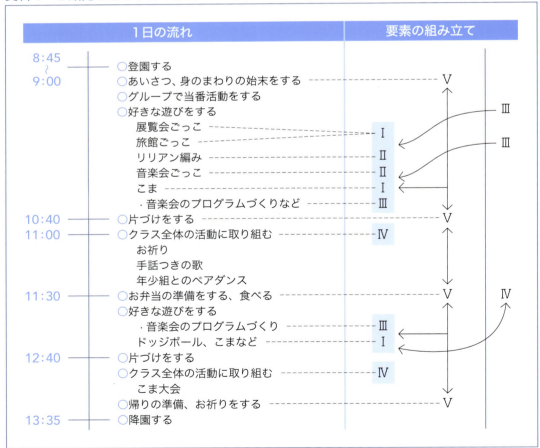

出典：河邉貴子『遊びを中心とした保育』萌文書林2020、p.112

08

どんな魔法かな？

寄り添うと同時に、その興味を向上・深化させたり、子どもがまだ気付いていない新しい興味に気付かせたりする働きかけも求められます。

　子どもが始めた遊びだからといって「放置」するのではなく、興味を深めていくために、あるいは新しい興味に気付かせるために、実際に遊ぶ子どもに働きかけることもあるでしょう。クラス活動である興味・関心を取り上げて、クラスの子どもみんなでそれを広げることも可能ですし、遊びが停滞している場合には、新しい興味を発掘するようなクラス活動が有効な場合があります。子どもの興味・関心に寄り添わないで一方的に活動をおろすのではありません。子どもの興味・関心に寄り添いながら対話的に保育を生成し、保育形態も柔軟にデザインしていくことを目指します。

好きな遊びの重層性

　先に自由か一斉の二分法を超えて、柔軟に1日の保育をデザインすると述べました。資料1の5歳児のある1日を例にして、どのように1日の活動が構成されているのかを要素に分けて考えてみましょう。

　「好きな遊びの時間帯」にはいくつかの遊び名が列挙されています。子どもが選択して取り組んでいる点は共通ですが、背景は次のように異なります。

　Ⅰの遊びは、子どもが思いついて始めた遊びです。保育者はその週の「ねらい」を念頭に援助の方向を考えています。

　Ⅱの遊びは、今の時期に経験させたい活動として保育者がコーナーを設定したもので、やるもやらないも子どもの自己決定に委ねられています。

　Ⅲの遊びは、いつ、だれと取り組んで

1章　遊びとクラス活動

も自由ですが、ある一定の期間の中で全員が取り組むように保育者から提案されているものです。

このように「好きな遊び」といっても内容は重層的です。

Ⅳは、いわゆる一斉活動と呼ばれるクラス活動です。この日は好きな遊びの時間帯に取り組まれているこまを取り上げ、「こま大会」が開かれました。回せる子どもだけが楽しむのではなく、まだ上手に回せない子どもにも取り組みの機会を用意し、クラス全体のこまへの関心を高めることで、好きな遊びの時間帯の選択肢を増やすことが期待されています（Ⅴは生活にかかわる活動）。

Ⅳの活動が子どもの育ちや興味・関心に即して選択されることによって、子どもたちの経験が広がり、「好きな遊び」と有機的につながりをもつようになります。保育者は子どもの育ちや興味・関心の方向性を把握し、常に次に必要な経験は何かという点を意識しながら1日の生活をデザインしていきます。

次節では、クラス活動が子どもにとってどのような機会をもたらすのかを整理します。

先生と鬼ごっこ

2 クラス活動の意義

● クラス活動の2つの意味

　本書で取り上げる事例はすべて東京学芸大学附属幼稚園の先生方が執筆しています。当園では、通常、登園すると昨日の続きの遊びに取り組み、10時半過ぎ頃に片付けをして11時前後から昼食までクラス活動が入ります。降園前にも集まり、その日の出来事を報告し合ったり、次の日の確認をしたりします。
　資料2は5歳児11月最終週から12月第1週の週の流れの概略です。「集まる」

こんなわざ、かんがえたよ

と書かれた箇所を見ると、金曜日「学年：なわ跳び」とあり、2クラス合同でなわ跳びが取り上げられています。なわ跳びはこの週に流行していた遊びで、多くの子どもが好きな遊びとして取り組んでいました。

資料2：東京学芸大学附属幼稚園　5歳児　週の流れの概略

	29日(月)	30日(火)	1日(水)	2日(木)	3日(金)	備考
	9:00 ○登園する ○好きな遊び	9:00 ○登園する ○好きな遊び	9:00 ○登園する ○好きな遊び	9:00 ○登園する ○好きな遊び	9:00 ○登園する ○好きな遊び	歌 ・うたえばんばん ・ちきゅうはみんなのものなんだ ・あしたははれる
	保育室：製作《お面・腰ベルト、コピー用紙、色画用紙、新聞紙、折り紙、カラーペン、ステープラー、型抜き、カラーポリ袋、空き箱、ロール芯、テープ類》・ままごと《皿、なべ、カトラリー、シート等》・大型積み木・絵本、キュボロ、ナノブロック、あやとり 中庭・芝山：プラケース、大ブロック、虫探し、ドッジボール　砂場：スコップ、バケツ、パイプ、ホース、水 中央テラス：短なわ・大なわ、フープ、大ブロック等					
日案	10:30 ○片付ける 11:00 ○集まる ♪もみがらむき ★なわ跳び 11:40 ○弁当を食べる ○けやきの庭で遊ぶ 13:00 ○集まる ・子ども会話導入 ・歌　読み聞かせ ・翌日の予定確認 13:40 降園する	10:30 ○片付ける 11:00 ○集まる ♪なわ跳び ★もみがらむき 11:40 ○弁当を食べる ○けやきの庭で遊ぶ 13:00 ○集まる ・歌　読み聞かせ ・翌日の予定確認 13:40 降園する	10:40 ○片付ける 11:00 ○集まる ・歌　読み聞かせ ・翌日の予定確認 11:40 降園する	10:30 ○片付ける 11:00 ○集まる 学年：合奏 11:40 ○弁当を食べる ○けやきの庭で遊ぶ 13:00 ○集まる ・読み聞かせ　歌 ・翌日の予定確認 13:40 降園する	10:30 ○片付ける 11:00 ○集まる 学年：なわ跳び 11:40 ○弁当を食べる ○けやきの庭で遊ぶ 13:00 ○集まる ・読み聞かせ　歌 ・翌日の予定確認 13:40 降園する	手遊び ・リズム遊び ・まねっこゲーム 絵本 ・季節に関する本 リズム ・ちきゅうはみんなのものなんだ
	職員会議	研究会		保育検討会		

すごいね

　クラス活動の全体は40分ほどで、初めの15分はそれぞれが挑戦したい跳び方を試していました。それから保育者が全員を集めて、おもしろい跳び方に挑戦していた子どもに技を披露してもらいます。子どもたちは友だちの技を食い入るように見ていました。

　その後はまた自由に挑戦する時間になりましたが、友だちの考えた技に挑戦してみる姿があちらこちらで見られました。

　なわ跳びのような技能が必要な遊びは、取り組めば取り組むほどうまくなるので、遊びの好みによって個人差が生じやすいものですが、こうしてクラス活動として取り上げられることによって、今まであまり関心がなかった子どもの意欲が引き出される機会となります。

　また、友だちの前で技を披露した子どもは友だちに認められて自信を深める機会にもなりましたし、その子にどうしたらうまく跳べるかを聞く子どももいて、学び合う姿が高められました。

　この事例を振り返ると、保育者が提案するクラス活動に、大きく2つの意味を見出すことができます。1つは、新しいなわの跳び方を知る機会になったように、その活動ならではの経験がもたらされることです。私はこれを「顕在的意味」と呼んでいます。

　もう1つは、社会情動的スキルと言われている力の育ちです。この事例で言えば友だちの前で披露する機会はその子どもの大きな自信になりましたし、友だちを認め合う姿が見られました。このような内面の心情、意欲の育ちは子どもの中に根付き、異なる場面や異なる遊びにおいても発揮されることになります。こちらは「潜在的意味」と呼んでおきましょう。

図1：クラス活動の内容の構造

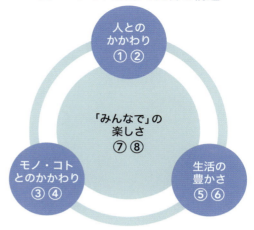

　一人ひとりの子どもの育ちは集団の育ちと連動します。保育者は子どもの経験は個と集団が連動しながら深まることを意識し、その時々に子どもに顕在的・潜在的にどのような経験をもたらしているかを見極めます。

クラス活動は子どもにとってどのような機会か

　クラス活動の内容の選択が的確になるよう、クラス活動が子どもにとってどのような機会となる可能性があるのかを、整理し、次章以降で取り上げる実践例とのつながりをガイドしておきたいと思います。

①保育者や友だちとの信頼関係をより深める機会として
②友だちの思いや考えに気付き、遊びのイメージを広げる機会として
③新しい文化財や遊びに出会う機会として
④新しい道具や材料、表現の方法に出会う機会として
⑤季節の変化を生活に取り入れる機会として
⑥行事が生活に潤いを与えるものになるような機会として
⑦共有体験、共感体験の機会として

図2：共感性の高いクラス集団

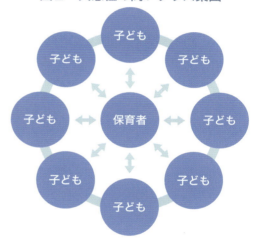

⑧集団生活に必要な事柄を身に付ける機会として

　上記の①〜⑧は図1のような構造をもつと考えられます。

【人とのかかわり】

　①と②は人とのかかわりを深める機会と言えるでしょう。入園当初、子どもは先生の周りに集まって絵本を読んでもらったりすることが大好きです。保育者が

13

まねしてやってみよう

一人ひとりの子どもとの信頼関係を結ぶことで、図2のように、子ども同士もつながっていきます。「先生はいつも楽しいことをしてくれる」という初期の経験は、その後の集団生活のベースとなり、その後、子ども同士の話し合いにも耳を傾けることができるようになります。

『幼稚園教育要領』の領域「環境」の［内容の取扱い］の中に、「他の幼児の考えなどに触れて新しい考えを生み出す喜びや楽しさを味わい、自分の考えをより良いものにしようとする気持ちが育つようにすること」とあります。クラス活動は他児の思いや考えに触れる貴重な機会と言えるでしょう。（2章1など）

【モノ・コトとのかかわり】
　③④はモノ・コトとのかかわりが深まる機会として括ることができます。例えば、遊びの中で何かを作りたい動きが見られる頃合いを見計らって、ハサミやノリなど、製作のおもしろさを引き出す道具に意図的に出会わせたり（2章2）、友だちが始めた遊びをみんなで楽しめるように保育者がクラス活動として取り上げたりします。（2章3・4、4章2など）

また、鬼遊びなどのルールのある集団遊びは、園に入って初めて経験する遊びと言えます。クラス活動として取り上げることで、「先生や友だちみんなとやったら楽しかった」という経験になると、遊びの時間に自発的に友だちと取り組もうとし、遊びのレパートリーを広げることにつながります。（3章1など）

【生活の豊かさ】
　⑤と⑥は長期的な見通しをもって子どもたちの生活がより豊かになるような機会となっています。

子どもは四季の自然の変化に敏感で、遊びによく取り込みます。園庭で葉っぱの色の変化に気付いた子どもがいました。保育者がその子どもの関心を表現するために絵具で色を作って葉を描く活動を取り入れたところ（写真）、多くの子どもが自然物の色の変化に興味・関心をもつようになりました。

行事は『幼稚園教育要領』において「幼稚園生活の自然の流れの中で生活に変化や潤いを与え、幼児が主体的に楽しく活動できるようにすること」と押さえられています。やらされる行事ではなく、やりたくなる行事になるには、みんなで取

絵の具を混ぜるとどうなるかな？

り組むクラス活動の時間帯だけの活動ではなく、遊びの時間でも子どもが主体的に友だち同士でどうしたらうまくいくかを考え合うものです。どうしたらそのような主体的な行事になるのか、4章で事例を挙げて検討します。

【「みんなで」の楽しさ】
　①から⑥を通して、子どもたちの中に育つ心情、意欲とは、友だちと一緒にいることの安心や喜び、共に考え合ったり行動したりすることによって生じる充実感でしょう。このような内的なつながりは、ねばならない一斉活動では育ちません。「みんなで」の活動が、たとえ保育者が提案するテーマや活動であったとしても、自分事として子どもが主体的に取り組める内容やテーマであり、子どもの興味・関心を高める指導の工夫があれば、そこでの経験を子どもは「自分」や「グループ」での遊びに顕在的・潜在的につなげていきます。

混ぜた絵の具で葉っぱを描いてみよう

1章 遊びとクラス活動

コラム・これまでの保育論から学ぶ①

大場牧夫注の三層構造論

　幼児期における遊びの重要性が浸透し始めた1970年代、大場牧夫は、幼児教育のカリキュラムを「自由遊び」「生活労働活動」「課題活動」の3つで構成する三層構造論を提唱しました。遊びは子どもが環境にかかわって生み出す発意としての活動ですが、だからといって子どもに任せるだけでは遊びは充実しません。大場は、園生活全体が豊かになる必要があると考え、子どもたちが栽培をしたり、生活の場を整えたりする活動や、クラスの子どもが体験を共有する課題活動を重視しました。

　「課題活動」という言葉は、現在の保育の中ではあまり見られないように思います。「課題」という言葉の中に「ねばならない」というニュアンスが含まれているからかもしれません。本書が注目している「クラス活動」は、それぞれの子どもやグループの「自己課題」をふくらませたり深めたりするための機会の提供の場と捉えたいと思います。(河邉貴子)

注：大場牧夫（1931-1994）。茨城大学文理学部心理学科卒業。1955年から桐朋幼稚園教諭・主事。1992年定年退職。1960年代から70年代にかけて隆盛を迎えた「保育構造論」の代表的な論者。

2章 遊びからつながるクラス活動

1人の子どもの思いや気づきをクラスみんなで
共有することによって遊びが深まったり、
ある一部の子どもの興味で始まった遊びを
みんなで経験することによって遊びが広がったりします。
どのタイミングで、何をクラス活動として取り上げるか。
事例を通して援助のポイントを探ります。

「帰りの会」から つながる遊び

クラスみんなが集まって互いの遊びの様子を聞き合い、
遊びの情報を共有したことで、そこから遊びが広がった事例を通して、
クラスの仲間の理解の上に遊びの充実があることを考えます。(河邉貴子)

●「帰りの会」の意味

　遊びを中心とした保育においては、子どもは好きな場所で気の合う子ども同士で遊んでいて、お互いの遊びの様子を視野に入れている時もあれば、そうでない時もあります。どんな遊びをしていて、何がおもしろいと思っているのかなどをお互いに知っていることは、クラスの仲間意識を高めていくためにも大切なことです。みんなで集まって話を聴き合い、対話する場面（「サークルタイム」と呼ぶ園もあります）を作ることは、お互いの遊びを知る機会になるだけでなく、相互の関心を高め合うことになります。

　保育所の場合、保護者が迎えに来た順に帰宅しますが、延長保育に入る前にクラス全員が集まる活動を設けているところが多いようです。

　幼稚園では降園時刻が決まっていますから、その前に集まって1日を振り返ったり、さようならの挨拶をみんなで交わしたりします。通園バスで順次降園の園も一旦集まります。こども園でも多くの園で短時間保育の子どもが降園する前にクラスの会を設け、話し合いや絵本の読み聞かせのような活動があってから、1号認定児は帰宅し、2号認定児は次の活動へ移ります。

　1日の中でクラス全員が集まる機会は他にもあると思いますが、このような生活の区切りとして集まる会（事例の園では「帰りの会」と呼んでいます）には次のような働きがあるように思います。

・様々な体験で活性化した心身をクールダウンし、次の生活へ移行する区切りとして
・その日の生活や遊びを振り返ったり、翌日の予定を確認したり、次の日の園生活への期待を高める機会として
・先生やクラスの仲間とゆったりした時間を過ごし、集団のつながりを感じたり、友だち理解を深めたりする場として

　「帰りの会」と遊びの充実がどう関連しているのかを事例を通して考えてみましょう。

事例　帰りの会で子どもが話す機会を作る
執筆：町田理恵

3歳児、誕生会で話す

　本園では、入園当初から降園時にクラスの子どもで集まり、手遊びや歌、紙芝居などを楽しむ時間を設けている。学年や時期によって違いもあるが、時には、子どもが前に出て、保育者の簡単な質問に答えたり、その話を他の子どもが聞いたりする経験も取り入れている。例えば、子どもが見つけた自然物を紹介したり、誕生日に自分の宝物を紹介したりするなどである。

　5歳児学年になってからは、帰りの会で、動物当番の感想を報告したり、順番でクイズの出題者になったり、自分たちがしている遊びのお客さんを募ったりする機会を設けるなど、必要に応じて友だちの前で話したり、友だちの話を聞いたりする経験を積み重ねてきた。

〈電車作りの遊びと
　保育者の願い〉

　電車が大好きな数名の男児たちは、5歳児学年の1学期から、ボール紙を使って、立体の電車を作って遊ぶことを繰り返していた。登園するとすぐに、製作コーナーへ行き、本物そっくりに電車を作ることにこだわり、車体の色や模様、電光掲示の文字など細部まで丁寧に作っていた。作ることがいちばんの楽しみだったため、時間をかけて車両を作り、自分の納得する車両ができると、積み木やイスをつなげて線路を作って走

らせていた。

　保育者は、細部までこだわって電車を作ることを楽しんでいる姿を認める一方で、線路は積み木やイスなどを無造作に並べる姿が続いていたため、線路や駅も作るなど、遊び方が変化していくといいという願いももっていた。

　そんなある日、いつものように電車を作り終え、積み木で線路を作ろうとすると、ほとんどの積み木が他の子どもに使われており、線路を作ることができない状況になっていた。困った男児たちは積み木が足りないと言いに来た。

　保育者は、積み木がないという状況が、新たな遊びの展開を生むチャンスになると思い、積み木以外のもので線路ができないか投げかけ、牛乳パックをつなげて線路を作ることになった。

　線路を作りだすと、A児が「JR中央線は高架の線路だから、高くしたい」と言い出した。すると、他の子どもも賛成して、高架を作ることになった。それには、線路の脚となる部分が必要で、牛乳パック1本分の長さの線路を作るのに、計3本の牛乳パックが必要になった。男児たちは、あっという間に幼稚園で集めていた牛乳パックを使い切ってしまい、翌日も続きを作りたいということになった。

〈帰りの会で伝えよう〉

　保育者は、「幼稚園中の牛乳パックを使ってしまったし、たくさん持ってきてくれる人がいるわけじゃないからな……」とつぶやいた。すると、B児が、「じゃあ、今日牛乳を全部飲んで持ってくる」と言い、C児も「うちにも牛乳ある」と言う。保育者は、「先生も持ってくるけど……3人持ってきてもこれ（1つ分）しかできないね……」と言うと、D児が「牛乳パックがある人は持ってきて

細部にこだわって電車を作る

積み木で線路を作る

牛乳パックの高架線路のパーツ

その日の帰りの会で、「今日はBくんたちからみんなに話したいことがあるんだって」と言うと、「知ってる!」と出来事を知っている子どももいた。改めて男児たちが「線路を作るのにたくさん使うので、牛乳パックが家にある人は持ってきてください」と話した。クラスの子どもたちは、なるほどといった感じで、「わかった。持ってくる!」などと答えていた。

子どもたちが前に出て話す

男児たちのイメージする線路を実現するには相当数の牛乳パックが必要で、集めるのに長期間かけていては、遊びが続かなくなってしまうため、家庭の協力が必要だと考えた。そこで、保護者に向けても、お願いする機会を作った。保護者に向けて子どもから話すようにしたのは初めてだったので、男児たちも少し照れたり、緊張したりして、言いよどみながらも「電車の線路を作っています。たくさん使うので牛乳パックがあったら持ってきてください」とお願いした。集まった保護者たちもその姿を微笑ましく見守ってくれていた。

翌日、予想以上に多くの牛乳パックが集まった。いつもは、空き箱や容器などをある程度集めてからまとめて持ってきてくれる家庭も多いが、牛乳パック1つだけをビニール袋に入れて持ってきてくれた家庭も少な

2章 遊びからつながるクラス活動

くなかった。なかには、「Ａくんたち、はい。これ。線路を作るんでしょ？」と直接手渡している子どももいた。4人の男児は高架の線路作りの遊びを続けることができた。

〈友だちのことが
　わかるからこそ〉

　数日間で牛乳パックがたくさん集まったことは、単に男児たちが降園時にお願いをしたからだけでなく、男児たちが保育者と一緒に線路作りを始めたことを見て知っていたクラスの子どもが多かったからだと考える。これまでの積み重ねの中で、この男児たちが電車好きで毎日こだわって電車を作っていること、普段は積み木で長い線路を作っていること、牛乳パックで線路作りを始めたことなど、男児たちがどうして牛乳パックをたくさん必要としているのかをわかっていた子どもが多かったのではないか。加えて、保護者にも話をしたことで、我が子とも話題にしやすかったのかもしれない。

　5歳児後半になると、クラスや学年の子ども同士、他の友だちの好きなことや得意なこと、困っていることなどに気付くことが増えてくる。遊びの中でも、他の遊びの場でどんなことをしているのか、見聞きしたり、時にはお店屋さんと客のような関係になったりしてかかわりながら、互いの遊びについてわかっていることも多い。この事例からは互いの好みややりたいことを理解していることが、互いの経験を支えていることを実感した。

線路をつなげる

● 遊びの充実を支える
　クラス集団の共感性

　小さな子どもは、特定の他者との一対一の間で自分の気持ちを伝えようとしますが（一次的ことば）、5歳児は大勢の人に向かって自分たちの気持ちや考えを語れるようになります（二次的ことば）。この二次的ことばへの移行は、小学校以降の学習を見据えた上でも重要ですが、話

す側だけでなく、聞く側の意識も育っている必要があります。このクラスのように共感性の高いクラス集団が形成されていると、友だちの話を「自分事」として聞こうとするのです。

　遊びを中心とした保育では、気の合う友だちと場やモノやテーマを選択して遊ぶので、異なる場所で複数の遊びが同時展開します。同じクラスでも互いの遊びを見合っていたり、意識し合っていたりするとは限りません。ところが日頃から関係性の良いクラス集団だと、互いの様子をなんとなく把握し、友だちの好みや良さを認め合っています。事例でも友だちが高架線を作り始めていることが目の端に入っていたために、「帰りの会」の話に心を寄せることができました。「話す」側にとっても、自分たちの遊びを語ることによって、遊びの輪郭がはっきりとし、次の遊びの目当てが明確になることがあります。

　このような子ども同士の見えないつながりが、それぞれの遊びの充実を支えています。

遊びの充実を支える大人の「肯定的眼差し」

　担任保育者は、牛乳パックがすぐに集まることが遊びの持続に欠かせないと考えて、保護者にも協力をお願いするように子どもたちを促しました。子どもたち

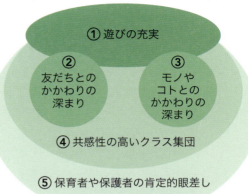

図1　「遊びの充実」を支える要素

はドキドキしたと思いますが、パックを集める目的が達成されただけでなく、遊びに対する保護者の温かな関心を高めることにつながりました。

　子どもはいつも真剣に遊びに取り組んでいること。遊びの中にたくさんの経験が詰まっていること。これらを保護者が理解してくださると、子どもの遊びを見る眼差しが柔らかくなり、子どもたちは安心して遊びに没頭できるのです。

　図1は遊びの充実を支える要素の概念図です。「遊びの充実」（①）という車を前に進めるのは、「友だちとのかかわりの深まり」（②）と、「モノやコトとのかかわりの深まり」（③）という2つの車輪です。そして、それを底支えしているのは、「共感性の高いクラス集団」（④）です。また、「保育者や保護者の肯定的眼差し」（⑤）が、土台にあることは言うまでもありません。

　本事例から、「帰りの会」は、①から⑤を有機的につなぐ機会となり得ることを学びました。このことを意識して、友だちの話に耳を傾ける機会を園生活に位置付ける必要があるでしょう。

2 子どもの実態から計画するクラス活動

ハサミやノリ、ステープラーなど、道具や用具を使えるようになることで、遊びの世界が広がっていきます。子どもの実態からクラス活動を計画し、クラス活動で身に付いた技能が遊びに生かされるという連続性を大切にしましょう。（田代幸代）

● 道具や材料、表現の方法に出会う機会としてのクラス活動

　家庭の中で、ハサミやノリ、ステープラーなどを使ったことがある子どももいれば、そのような経験がない子どももいます。こうした道具や用具の使用には、個人差が大きいのが現状です。

　遊びは、子どもが周囲の人やモノとかかわるなかで、イメージをやり取りしたり、表現したりしながら、楽しさを見いだし、紡いでいくものです。そうであるならば、いろいろなモノが扱える、便利な道具を使えるなど、子ども自身が必要な技能を身に付けることが欠かせません。保育者が提案するクラス活動を通して、いろいろな道具や用具が使えるようになり、多様な表現力が身に付くことは、とても大切なことだと考えます。

　発達に応じて、身に付けたい技能はいろいろあると思います。保育者の都合で教え込むのではなく、子どもの実態や興味・関心に添うように、時期やタイミングを捉えて機会を作ることが大切です。

● ハサミを扱う体験と安全指導

　基本的な道具の1つに、ハサミがあります。自分で作ったものを使って遊ぶことは、とても楽しい経験になります。子ども自身が使いたい時に自由に使えるような道具にしていきたいと考えます。

　ハサミには右利き用、左利き用があり、適切なものでないとよく切れません。刃先を人に向けない、振り回さない、座って使う、刃を閉じてケースにしまうなど、繰り返し伝え、安全に扱えるようにします。また、いろいろなモノを切ってみたい気持ちから、友だちの髪の毛や自分の洋服を切ってしまったなど、思いもよらないことも起こります。紙を切る道具であることを、しっかりと伝えましょう。

● 特性を踏まえて選択する

　ステープラー、ノリ、木工用接着剤、テープ、ガムテープなど接着する道具もいろいろあります。木工用接着剤は強力に接着できても乾くまでは遊びに使えません。テープは簡単に留めることができますが水には弱い性質があります。便利な道具や用具の特性を子どもが知って、それを使って豊かな表現ができるような園生活にしたいと思います。

| 事例1 | ポテトを作って遊ぶ |

執筆：栗林万葉

〈京花紙でポテトを作る〉

　3歳児学年10月頃、子どもたちには、好きな遊びの中で見立てて作ることを楽しむ姿も見られるようになっていた。

　ある日、E児は黄色い京花紙をねじってポテトを作っていた。できたポテトを赤い京花紙を半分に折ったものに入れていた。保育者が「ポテトだ！　おいしそうだね！」と言うと、E児はうれしそう。ただ、入れ物も京花紙だったので、ポテトを入れるのが難しそうだった。保育者が色画用紙を折ったものを用意すると、入れやすくなり、さらに作ることを楽しんでいた。

　京花紙をねじるだけでポテトの萎びた感じが表現されていて、簡単で本物らしいポテトになっていた。しかし、京花紙は柔らかいのでねじっただけでは、広がってしまい、入れ物にも入れにくそうだった。それでもせっかくE児が考えたポテトだったので、ハンバーガー屋さんとして楽しめるよう、お盆やハンバーガーを作れる材料も用意した。ポテトやハンバーガーを作って自分たちで食べたり、「ポテトくださーい」と買いに来た子どもに渡したりして遊ぶ姿が見られた。子どもたちにとって魅力的な遊びになっていると感じた。

〈クラス活動に取り入れる〉

　京花紙ポテトは簡単すぎると感じている子もいれば、扱いにくさを感じている子どももいた。また、手や指先を使って食材に見立てる姿はあったので、遊びの中でもハサミを使うようにしたいと思った。そこで、画用紙に書いてある直線に沿って切るとポテトに見立てられるものを提案することにした。今まで、細い紙をチョキンと1回切ったものを食材やジュースなどに見立てることは経験してきたが、直線切りは初めてだった。ハサミの持ち方は身に付いて

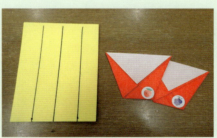

子どもの技能に合わせたポテトの材料

まっすぐきれるかな

ハンバーガーとポテトください!

いたが、好きな遊びの中で繰り返し使っている子どももいれば、クラス活動でしか使っていない子どももいたので、技量には差がある状態だった。そのため、あまりハサミを使っていない子どもが苦手意識をもたず、意欲につながるようにしたかった。そこで、色紙でコップを折ったものを配り、それをポテトの容器に見立て、自分のポテトを作ることができるようにした。また、ポテトの紙は直線を3本切ったら完成する大きさにして、少し頑張ればできるようなものにした。

線に沿って切る難しさを感じている子どももいたが、自分のポテトができたことにうれしさを感じて何枚も直線切りをやってみる子どももいた。できたポテトを食べるふりをして楽しみ、意欲的に取り組む姿が見られた。

事例2 円を切ってあおむしを作る
執筆:菅 綾

〈ダンゴムシへの興味から〉

4歳児学年の5月、園庭でたくさんのダンゴムシを捕まえて遊んでいることから、クラス活動で楕円の曲線をハサミで切り、ダンゴムシを作った。できあがった自分のダンゴムシにそれぞれ愛着をもち、動かして遊んだり、その後の遊びで何匹も作ったりする子どももいたが、クラス全体では、なめらかに曲線が切れない子どもも多く、経験を重ねる必要

ダンゴムシがたくさんできたよ

ダンゴムシごっこしよう

「はらぺこあおむし」に何を食べさせようかな？

を感じた。

〈なめらかに円を切れるようにする〉

そこで、その後のクラス活動では、色画用紙に印刷した円を最低４つ切り、それをつなげてあおむしを作ることにした。絵本『はらぺこあおむし』（偕成社）のイメージで導入したので、顔は赤、体は緑と黄緑を選んで作れるようにした。円を切る際、ハサミではなく紙を回すこと、ハサミを最後までパチンと閉じないよう、開いた刃の奥を使ってチョキチョキ……と連続して切ることを、見本を示しながら知らせ、やりながら個別に確認していった。なめらかに切るコツを知らせたことで、前回のクラス活動よりもハサミの使い方が上達した子どもが多かった。

作ったものを使って遊ぶ楽しさも重ねたいと思ったので、見栄えや強度を考えるとノリで接着したいところだったが、セロハンテープでつなげて、曲がるストローを付け、すぐに手に持って動かして遊べるようにした。できあがったあおむしは壁面に飾り、自由に手に取れるようにしたことで、翌日以降も友だちと一緒に動かして遊ぶ姿があった。また、製作テーブルにあおむしの材料を用意しておいたので、何匹も作ったり、長くつなげたあおむしを作ったりする子どももいた。動かして遊ぶ楽しさがさらに経験できるよう「はらぺこあおむし」が食べる果物を貼ったついたても用意すると、あおむし同士で会話をしたり、果物を食べるふりをしたりして遊んでいた。

子どもの実態を捉え、遊びの環境をバージョンアップさせる

　子どもの遊び方や楽しみ方に合わせて、遊びの環境を変えていくことは、保育者の重要な役割です。ままごと遊びでも、いつまでも既製の遊具を操作して遊ぶだけではなく、いろいろなモノを使えるようにしたり、作ってそれを使って遊んだりすることができるように考えます。その際に、技能が遊びを充実させる力となっていることが資料1からわかります。

魅力的な教材を工夫する

　事例のポテト作りも、ダンゴムシ作りも、子どもの遊びと連動させることで、クラス活動が魅力的になるよう工夫しています。

　当たり前のことですが、クラス活動は、保育者1人でクラス全体の子どもの取り組みを進めなければなりません。導入の段階で、「おもしろそう」「やってみたい」というクラス全体の雰囲気を作れるように、魅力的な教材は重要でしょう。ポテトを入れるケースが赤い紙コップで用意されており、「自分のポテト」が作れるようになっていた点も、子どものやる気を引き出していたと思います。

確かな技能を伝える教材と援助

　3歳児のポテト作りでは、その時点で子どもができることを踏まえた配慮も参考になります。チョキチョキと2～3回ハサミを動かせば切り落とせる紙の長さにする、3本切れば終わる紙の幅にする、

資料1：遊び方の変化と技能

既製の遊具を使って遊ぶ
- ・プラスチックや木製の食材
- ・プラスチックや木製の食器
- ・既製の調理道具
- ○既製の遊具をつまむ・載せる・動かすなど操作する

素材や材料を見立てて遊ぶ
- ・花はじきやチェーンリング
- ・京花紙や色紙
- ○素材や材料を見立てて使う
- ○材料をちぎる・ねじる・丸めるなどひと手間かけて使う

作ったものを使って遊ぶ
- ・色画用紙、京花紙、色紙、空き箱
- ○材料を切る、折る、貼る、組み合わせるなどして作る
- ○作ったものを見立てる
- ○イメージしたものを作る

いろいろな遊具・素材・材料など、使えるモノ（・印）の多様化
モノへのアクセス（○印）の多様化

資料２：ハサミの使い方と製作例

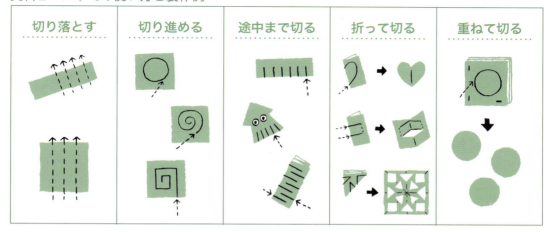

活動の調整が自分でできるよう予備の紙を用意する、クラス活動後も同じ材料を製作コーナーに用意するなどです。

４歳児では、ハサミが使えるだけではなく、より良い使い方ができるように考えられています。円を滑らかに切ることができるように、ハサミを持っている手を動かすのではなく紙を回すことや、ハサミの奥を使いながら切り進めることをしっかりと伝えます。ちょっとしたことですが、こうした声をかけてもらうことで、子どもは道具の使い方のコツをつかみます。

子どもの思いを実現する教材の提供や、能力に合わせた教材の選択がよく考えられています。こうした教材準備や具体的な声かけ、視覚的な配慮など、保育者の援助と環境構成の工夫によって、クラス活動で子どもがしっかりと道具を使えるようになり、それが遊びにもつながることがわかります。遊びからクラス活動を考え、そこで経験したことがまた遊びを充実させていく、そのような保育を計画していきましょう。

繰り返すことで洗練される能力

道具の扱いや手先の器用さは、繰り返し使うことで上達していきます。その意味では、円を何枚も切る必要があるあおむしを教材として用意したことは大きな意味があります。

他にもステープラーやガムテープ、木工用ボンドなど、いろいろな道具を使う機会を考えていきます。楽しくて何回も繰り返す姿を認めながら、次第に必要な量だけ使うという環境への配慮も伝えていきたいところです。

クラス活動で新しい道具の使い方を知る、できるようになったことを使って工夫して作る、作ったものを使って遊ぶという連続性が生まれるような実践を工夫します。こうした繰り返しの中で、技能が洗練され、さらにより良い使い方ができるようになっていくというプロセス全体を見通しておきましょう。

1人の気づきから みんなの表現へ

1人の子どもが「いい音」を発見しました。そこから音探しが始まり、みんなで音の表現を楽しむようになった事例です。1人の気づきに関心を寄せる子どもの姿を捉え、環境と機会を用意することが大切です。(河邉貴子)

● 幼児期にふさわしい表現活動

　5歳児の楽器を使うクラス活動では、クラス全員で「楽器演奏」とか「合奏」というと、すぐに「発表会」に結び付ける園がまだあるかもしれません。保護者に見せることを目的に据えてしまうと、集団としてのスキルをある程度のレベルまで引き上げたくなり、「音を揃えること」や「正しく演奏する手法」を指導することになってしまいます。楽器は長い歴史をかけて磨き上げられてきた文化財ですから、つい、正しい奏法を身に付けさせたいと思ってしまうのかもしれません。しかし、そのような指導は3つの意味で罪だと考えます注1。

　1つは、子どもが初めて出会う楽器という文化的資源との出会いをつまらないものにしてしまうこと、2つ目は、音を探索しようとする子どもの主体的な学びの意欲の芽を摘んでしまうこと、そして最後は、保護者の子ども観を歪めてしまうことです。教え込まれてできることを良しとし、それを子どもの成長と捉えるのではなく、子どもたちが生き生きとモノやコトに自らかかわり、深めていく姿を成長と捉える眼差しを、保育者は言うまでもなく、保護者にももってもらいたいものです。

　「音楽」とは文字通り「音を楽しむ」ものです。音楽が流れると自然に体を動かしてリズムを楽しみ、楽器の音を楽しんだり、身近なモノで音を作ったりすることを楽しむ子どもたち。子どもが自由に楽器に触れることができる環境を構成してみると、子どもは自分なりに試したり、工夫したりして、音を作り出すことを楽しみます。

　初めて出会った楽器を通してリズムを楽しむ3歳児、自分たちなりに音を楽しむ4歳児、自分たちで音を作り、音を介して人とのかかわりを深める5歳児の事例です。1人の子どもが音を楽しむ姿を大切にするとともに、保育者は友だちと音が合うと心地よいと思える機会をクラス活動として設定しています。音を共有して他者とのかかわりを深めていくプロセスを見てみましょう。

注1：河邉貴子「幼児期の体験として大切にされるべきものは何か」日本赤ちゃん学会監修『乳幼児の音楽表現』中央法規出版、72ページ

事例 友だちと一緒に「音」を楽しむ

執筆：田島賢治

〈楽器との出会い方〉

楽器との出会いは、入園前に家庭や習い事などで触ったことがある子どももいるが、おおよその子どもにとって幼稚園や保育園が初めてとなる場合が多い。子どもが「音を鳴らすって楽しいな」「楽器を使うって楽しいな」と感じ、かつ楽器が身近な存在であるようにしたいと考える。

〈存分に鳴らして遊べるように 3歳児学年〉

Ｆ児たちは今日も登園するとすぐに「今日もプリンセスのショーごっこやるんだ」と言って、支度を済ませるとままごとのスカートをはいて、ティアラやネックレスなどを作り、ショーごっこの準備を始めた。踊っているところを見てもらうことがうれしく、ステージを作り、観客席を用意し「ショーが始まります。座ってくださーい！」と保育者や他児を招待していた。他児も最初は楽しそうな雰囲気を感じてショーを見ていたが、その繰り返しに少しずつ飽き始めているようだった。

そこで、見ている側も楽しめる方法はないかと考え、鈴を用意し、保育者が鳴らしてステージを盛り上げた。子どもも使えるようにし、それぞれが思い思いに曲の雰囲気を感じ

ながら鳴らしてみたり、保育者の真似をして鳴らしてみたりして楽しんだ。ショーをしている子どもも鈴を持って踊ることを気に入り、動くたびに鳴ったり、自分なりの鳴らし方を繰り返したりし、踊る側も見る側も存分に鈴を鳴らすことで、ショーごっこをより楽しむ姿が見られた。

このように、遊びの中でお気に入りの曲に合わせて自分なりに思う存分鈴を鳴らすことを楽しんでいる姿を捉え、クラス活動でも楽器遊びをすることにした。最初は好きな遊びと同様に、子どもにとって耳馴染みのある曲や今までクラスで歌った歌に乗せて自由に鳴らすことを楽しんだ。「おもちゃのチャチャチャ」の曲は、10月末に行われた観劇会の中でクラス全員が見聞きしており、その後も口ずさんでいる子どもも多かったことから楽器遊びでも使うことにした。自由に鳴らす部分以外に、「チャチャチャ」の部分で他児と音が重なることがおもしろいようで「もう1回！」と何度もクラスで繰り返し遊んだ。それ以降、好きな遊びの中でも「おもちゃのチャチャチャ」の曲を流せるようにしておき、ショーごっこの中の定番の1曲となり、プリンセス以外の子どもも鈴を持ってショーに出ることを楽しむようになった。

〈いい音がするんだよ
　4歳児学年〉

　保育室の製作コーナーには、発達に応じて、空き箱や牛乳パック、ペーパー芯などの廃材や、折り紙、画用紙、紙テープなどの素材を用意しており、子どもはそれらを使い自由に製作をして遊んでいる。作るものが明確な子どももいれば、廃材や素材を組み合わせて偶然できた形やモノを何かに見立てておもしろがる子どももいる。

　ある日、G児が、牛乳パックの中に紙テープを刻んで入れていた。最後に牛乳パックの口をテープで閉じて、できあがったものを振って音を鳴らしていた。しばらくすると保育者のもとにやってきて「いい音がするんだよ」と聞かせてくれた。「シャカシャカって音がしていいね」と答えると周りにいたH児が「中に何が入っているの？」と作り方をG児に聞き、自分でも作ってみることにした。H児は紙テープだけでなく、ビニールテープを切って丸めたものやタフロンテープも入れていた。できあがると同じように振って、音が鳴ることを喜び、気に入った様子で、「みんなにも聞いてほしい」と保育者に言いに来た。その日の帰りの会で、G児とH児が作ったものを紹介し、音を聞いてもらい、音の違いをみんなでおもしろがった。興味を示した子どもは翌日、同じように自分なりにいろいろなモノを入れて作ってみて音の違いを楽しんでいた。容器の中にものを入れて音を鳴らす遊びはしばらく続いた。

　秋になると園庭でドングリ（コナラやマテバシイなど大きさの違うもの）や、ヒマワリやオシロイバナの種を集めて遊んでいたので、この時も袋の代わりにペットボトルを渡す

いい音がするんだよ！

ペットボトルの中に種を入れると……

手作りドラムをドンドコドン♪

お父さんみたいなギター、かっこいいでしょ

と、集めること以外に、中身を変えて、音の違いを楽しむ様子が見られた。この姿から、この年の生活発表会では一人ひとり音が違うドングリマラカスを作り、「どんぐりころころ」の曲に合わせて、楽器遊びを披露した。

〈ギターを作りたい
　5歳児学年〉

　ある日、I児が保育者のところにやって来て「ギターを作りたい」と言う。聞くと「お父さんがギターを持っていて僕も作りたい」と言う。I児は作りたい気持ちはあるものの、どう作っていいかのアイデアはなかったようだ。それを近くで聞いていたJ児が「俺、作ったことあるよ。先生輪ゴムちょうだい」と言って、輪ゴムを渡すと以前どこかで作ったことがあるようで、空き箱やペーパー芯を組み合わせて作り始めた。そ

れを見様見真似でI児も作り始め「お父さんの（ギター）はここがもっとこうなっているんだよな」と言いながら自分なりに試しつつどうにか完成させた。空き箱に巻き付けた輪ゴムを弾くと「ペンッ♪」と音が鳴り喜ぶ。その後も、J児と一緒に輪ゴムの位置を変えたり、本数を増やしたりして音の違いを楽しみ、とても満足そうにしていた。その様子を見ていたK児は、「コンサートってドラムもあるよね！　僕はドラムの人やる」と言って、空き箱を組み合わせて作り、叩いて音を鳴らして遊びに加わった。同時期にペーパー芯や折り紙をつなげ合わせて作ったマイクでアイドルごっこを楽しんでいた女児もいたので、「今度の誕生会のお楽しみコーナーでみんなでコンサートをやってみる？」と提案すると「やりたい！」と言う。当日、友

コンサートは大成功！

だちや保護者の前で好きな曲や誕生日の歌に合わせて思い思いに音を鳴らすことを楽しみ、大きな拍手をもらい、満足そうにしていた。

　こうした5歳児の姿は、これまで3歳児、4歳児の間に自由に思い思いに楽器や音楽に触れ、時にはクラス活動でみんなで音が揃う楽しさを感じ、「音が鳴るって楽しいな」「楽器を使うって楽しいな」「みんなでやるのも楽しいな」という経験が積み重なってきた姿と言えるだろう。

音を遊ぶ

　音楽は「リズム」「メロディー」「ハーモニー」の3要素で構成されています。赤ちゃん研究が進み、赤ちゃんも早い時期からこの3要素を聞き取っていることが明らかになっています。特にリズムは体全体で捉えやすく、音楽に合わせて手足や体を動かすことは皆さんもご存じの通りです。「音」を全身で楽しむのは、人間に備わった本能であり能力です。

　事例の3歳児も憧れのプリンセスになって音楽に合わせて体を動かしています。そこにタイミング良く保育者が鈴を出したことで、感じているリズムを、楽器を通して表現することを楽しみ始めます。

　初めは思い思いに楽しんでいますが、保育者が提案した楽曲がメロディーにメリハリのある曲だったので、「チャチャチャ」の箇所でみんなの音が合うことに心

資料3：事例から読み取れる「音遊び」〜遊びの中での音の発見から、クラス活動へ

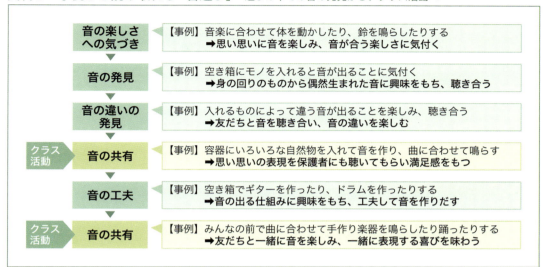

　地よさを感じ始めます。1人でも楽しいけれど、人の音と合うともっと楽しいことに気付き、披露したくなっていきます。

　4歳児では様々なモノを組み合わせて音を作り、音色の違いを楽しんでいます。3歳児からの積み重ねがあり、楽しいと「みんなに聞いてもらいたい」という気持ちが高まり、ここでは手作り楽器が生活発表会の演奏につながっていきました。

　5歳児の事例も音作りの事例ですが、「お父さんみたいなギターを作りたい」という憧れの存在が背景にあります。冒頭で楽器は文化財であると書きました。本物の演奏を聴くことで、音の美しさに心が動き、あんなふうに奏でてみたいと憧れを抱くことでしょう。

　音というのは、一瞬で消えてなくなり、目には見えません。だからこそ、その瞬間に音を共有することによって、他者とのつながりを深く感じるのだと思います。

　資料3のように、子どもたちは遊びの中で身近な環境と触れ合うことによって音が生まれることに気付き、初めは思い思いにその音を楽しみます。そして次第に互いの音を聴き合うようになり、「音が合う」心地よさを味わうようになります。そのタイミングを逃さず、クラス活動として聴き合う機会を設けると、子どもたちは自由に伸び伸びと自分なりの表現を楽しみます。「発表会」を前提に楽器の指導をするのではなく、遊びの中で探索できるゆとりを保障することが大切です。

・一人ひとりが自分なりに音を発見し、試す探索の機会を大切にする。
・メリハリのある楽曲を選択し、繰り返し音を試せるようにする。
・互いの音の違いや共有するおもしろさを自由に味わえるようにする。
・憧れを形成するためにも大人の演奏を聴く機会を提供する。

4 新しい遊びを みんなが楽しめる遊びへ

ラグビーワールドカップで日本代表チームが大活躍したことから、
一部の子どもたちがラグビーごっこを始めました。
ラグビーをしようとするものの子どもたちだけで再現するのは難しかったので、
保育者がルールを変更して、クラス活動で提案してみました。（田代幸代）

身近な社会生活の情報を遊びに取り込む

　ワールドカップ、世界選手権、オリンピックなどで選手の活躍が報道されると、ワクワクしますね。子どもたちも、選手のパフォーマンスや勝ち進む姿に、憧れの気持ちをもっています。日本チームを応援したいという社会全体の雰囲気や盛り上がりを子どもも感じ取り、それが園生活に持ち込まれ、遊びとして再現する姿にもつながります。

　ワールドカップがきっかけでラグビー人気が盛り上がった年には、初めてラグビーボールを購入したという園も多かっ

たように感じます。楕円形のボールは、地面に当たった後に予測のつかない転がり方をするので、球形のボールとは違ったおもしろさがあります。このように、社会生活の情報が園生活に取り込まれることで、使う遊具や遊び方も広がります。けれども、それまでに園の遊び文化として根付いていない新しい遊びでは、やってみたい気持ちはあっても遊びとしてうまく成立しないというジレンマが生じることもあり、子どもも保育者も試行錯誤の連続です。そのような事例の1つとして、ラグビーごっこを、しっぽとりラグビーに転換していった事例をご紹介します。

 事例 ラグビーがしたい！（5歳児学年9月）
事例：田島賢治

　2019年、ラグビーワールドカップが日本で行われた。日本代表チームの活躍が連日テレビで放送されていたことや、実際の試合をスタジアムまで観戦しに行った子どもがいたこともあり、遊びの中で子どもから

「ラグビーがしたい！」という声が上がった。保育者も新しい遊びとの出会いとなればと思い、スポーツ新聞の切り抜きを掲示したり、ラグビーボールを用意したりしておいた。
　子どもの意欲はさらに高まり、変

則的に跳ねるボールの動きを楽しんだり、トライをする真似をして地面に倒れ込んだりして遊んでいた。楽しそうな雰囲気につられて参加する子どもも増えていった。しかし、人数が増えてくると、ボールを奪おうと「足を踏まれた」「服を引っ張られた」など不満の声が上がるようになり、また、途中から参加した子どもは「何をしたらいいのかわからない」と遊びに入ったもののすぐに抜けてしまうようになった。

資料4：しっぽとりラグビーのルール

- 1グループ5名程度の攻めと守り同数のチームに分かれる。
- 攻めるチームは全員ラグビーボールを持ち、しっぽをつける。
- 攻めるチームはオフェンスラインに並び、笛の合図が鳴ったらゴールラインまでしっぽを取られないように走る。
- 守るチームはディフェンスラインより後方で待ち、笛が鳴ったら相手のしっぽを取る。
- しっぽを取られずにゴールラインまでたどり着いた人数が攻めるチームの得点になる。攻めと守りが交代しながら、最後に得点が高いチームが勝ちとなる。

ワールドカップの掲示

〈しっぽとりラグビーをしよう〉

そこで保育者は、安全に、かつ、だれが入っても楽しめるように、「しっぽとりラグビー」という遊びのルールを考えた（資料4参照）。また、社会的にもラグビーが大きな注目を集めていたことから、クラス活動で行うことにした。

好きな遊びでラグビーごっこをしていた子どもは、「これは本物のラグビーじゃない」と初めは不満そうであった。しかし、1人1つボールがあることで、みんなトライができるチャンスがあり、しっぽを取られずにトライができた時には「よっしゃー！」と喜び、満足感や手応えを味わっていた。また、自分がトライできなくても、チームの仲間ができていれば得点が入るということが仲間意識を高めていたようで、「頑張ろうな！」とお互いを鼓舞する姿も多く見られた。クラス活動が終わる頃には「またみんなでやりたい！」

しっぽとりラグビーの様子

「先生！　好きな遊びでもやってもいい？」と声が上がった。

〈私も入れて！〉

　翌日以降、好きな遊びの中でもできるように用具や環境を用意しておいた。クラス活動で行ったことで、ルールが共通になり、だれでも入れる環境が整った。今まで、ラグビーごっこの様子を見ているだけだった子どもも「私も入れて！」と参加する姿も見られた。何度も繰り返し遊ぶなかで、攻めるチームは「二手に分かれる」「わざと転んだふりをする」、守るチームは「だれがだれのしっぽを取るか決めておく」「ゴールラインの近くで守っておけば、しっぽを取るチャンスが残っている」

作戦を考えよう

など作戦を考えて動くようになった。

〈さらに広がるクラス活動①
　〜作戦を考えよう〜〉

　遊び方に慣れてきた頃、「しっぽとりラグビーワールドカップ」と題して再びクラス活動を行った。より仲間意識が高まるように、また話し合う経験を積めるようにと、好きな遊びの中で作戦を立てていた子どもの姿を取り上げ、チームごとに作戦を考える時間を設けた。「Lちゃんは、あっちを守って！」「Mくんは足が速いからおとりになって」などそれぞれ考えたことを伝え合っていた。しかし、作戦通りに動くことは難しく、話し合う機会にはなったが、手応えを感じにくいものとなってしまった。

〈さらに広がるクラス活動②
　〜ハカを考えよう〜〉

　その活動後、「ハカ（ラグビーニュージーランド代表が試合前に行う踊り）」の真似をしてポーズをしている子どももいた。仲間意識を高めたり、話し合う経験につなげたりしたいなら、それぞれのチームが、ハカのポーズを考える活動もできそうということになり、早速行ってみることにした。ポーズを考えるきっかけとなるように、実際にニュージーランド代表が踊っている様子をクラス全員で観る機会を設けたり、踊る意味を伝えたりした。

　実際のハカを見たことから、足を

仲間の得点が自分のことのようにうれしい

ノーサイド！

大きく上げてしこを踏む、舌を大きく出して怖い顔をする、地面を叩くなど力強いポーズのアイデアが出てきた。それを組み合わせながら自分たちのチームだけのハカを考えた。実際にしっぽとりラグビーの試合が始まる前に、チームの仲間と誇らしげに披露した。チーム全員の動きが揃うことで、一体感を味わっていた。すると、「お母さんたちにも見せたい」と声が上がり、誕生会でハカを披露することになったり、好きな遊びの中では、しっぽとりラグビーが続いていったりした。

ハカを踊る

●子どもが楽しめる遊び方を保育者がクラス活動として提案する

　ラグビーはボールの争奪をしながら前進していくスポーツなので、激しいタックルやスクラムが大きな魅力です。そうした攻防をくぐり抜けてトライすることで得点となります。しかし、相手を止めるために全力でタックルを行えば子ども同士でトラブルになりますし、けがの危険性も高くなります。かといって力を加減しながらでは相手の動きを止めることはできません。全力で動くからこそ体を動かす遊びは楽しいのですが、全力を出すとトラブルになるという構造では、そもそも友だちと一緒に体を動かす遊びは成立しません。

　その点、保育者が提案したしっぽとりラグビーという遊び方は、子どもが楽しんでいたことをうまく生かした遊び方になっています。それは、

○攻めるチームは、ボールをトライできることがうれしい
○守るチームは、相手のトライを阻止できてうれしい

という2点です。これは『小学校学習指導要領』に掲載されている、タックルのないタグラグビーも参考にしたということでした。

せっかくラグビーに興味や関心を示している実態があっても、楽しく遊ぶことができなければ、その遊びは終わってしまいます。一見すると、保育者が決めたルールで活動しているように見えるかもしれませんが、子どもが楽しめる遊び方を提案し、クラス全員が遊び方を知ることができたのはとても重要でした。その後もしっぽとりラグビーが遊びとして継続していったことから、子どもたちにこの遊びが受け入れられたことがわかります。

クラス活動は、「先生が言うからやってみようかな」というように、外発的動機付けからの取り組みかもしれません。しかし、クラス活動で遊び方を知り、おもしろさがわかり、「またやりたい」と子ども自身の内発的動機付けとなることが、次の遊びへとつながっていくのです。

また、子ども同士の情報量の違いにも配慮します。関心が高い家庭では、ワールドカップ日本代表の活躍は身近な情報であっても、そうではない子どももいるからです。情報が共有できる掲示物を環境として用意している点も、クラス全体の活動を支えるものとなりました。

園環境を遊びの場に生かす

遊びとしてしっぽとりラグビーが行われていたのは、資料4にあるように樹木や田んぼがある中庭でした。平らな広い場所で遊ぶのとは違って、通れる場所が限られていることや、直線でゴールラインまで行かれないことが、かえっていろいろな動きを生み出すおもしろさとなっていました。こうした場所の使い方にも、保育者のセンスを感じます。

遊び理解から活動を工夫する

遊びの中で作戦を立てる子どもの姿が出てくると、すぐに、グループで作戦会議をしようという流れになりがちです。考えを出し合い、協同する姿を遊びの中で育てたいと願うからですが、本当にそれが遊びと合っているのかを捉える必要があります。チームのシンボルとして自分たちのハカを考え、踊ることでチームの連帯を感じて戦うという取り組みでも、考えを出し合い協同する経験はできました。

さらに、しっぽとりラグビーでは攻守が向き合って、一瞬で走り抜けていく様子がありました。その姿からすると、お尻についている細いしっぽは取りにくそうです。動きながらでも取りやすいように大きい布に換え、付ける位置も腰の左右としました。そうすることで攻防が拮抗するため、よりおもしろくなります。このように遊び理解をもとに、遊び方を試行錯誤しながら活動を工夫していきました。こうした遊びが引き継がれ、園に根付いていくことで、園の新しい遊び文化が形成されていくのだと考えます。

コラム・これまでの保育論から学ぶ②

高杉自子 注1 の形態論

　『幼稚園教育要領』の指導計画の作成にあたっての留意事項の1つに「幼児の行う活動は、個人、グループ、学級全体などで多様に展開されるものであることを踏まえ、幼稚園全体の教師による協力体制を作りながら、一人一人の幼児が興味や欲求を十分に満足させるよう適切な援助を行うようにすること」とあります。ここが唯一保育の形態について記述されている部分です。保育は各園の個別性が高く、具体例を挙げにくいからかもしれません。

　保育形態の形態という言葉は倉橋惣三が使った「幼稚園の生活形態」という言葉に由来していると思われます。倉橋は幼児のさながらの生活を大事にし、無理のないふさわしい生活を展開することを示しました。平成元年の幼児教育改革を牽引した高杉自子は、「一斉形態」と「自由形態」で二分する考え方を批判し、「活動を一つの文化活動とすると、その文化の受け入れにはグループでやる場合、個でやる場合があって、それぞれの意味やねらいが違ってくる」ので、「多様さに対応できる柔軟性、感覚のやわらかさが求められている」と述べています 注2。(河邉貴子)

注1：高杉自子 (1924-2003)。1944年東京第一師範学校女子部本科卒業。東京都公立学校教諭を経て、東京学芸大学附属竹早小学校教諭。同、附属幼稚園教諭・教頭。文部省初等中等教育局教育助成局視学官、昭和女子大学教授、子どもと保育総合研究所所長ほか歴任。
注2：森上史朗、高杉自子、柴崎正行編『平成10年改訂対応　幼稚園教育要領解説』フレーベル館、1999年

3章 クラス活動から広がる遊び

子どもは、大人が思いもよらない遊びを
生み出す力をもっています。
そうではありますが、この世界には、まだ知らないことや
出会っていない楽しいこともたくさんあります。
集団で遊ぶ楽しさを知ることや、
挑戦意欲がかきたてられる遊びなど、
保育者からの提案であるクラス活動がきっかけとなって
広がる遊びの様相を見ていきましょう。

1 集団で遊ぶ楽しさを経験するクラス活動（鬼遊び）

戸外での鬼遊びは、子どもたちに経験してほしい遊びの1つです。
保育者から提案することが多い鬼遊びですが、集団で遊ぶ楽しさを
経験できるような選択や配慮をしていきたいと思います。（田代幸代）

戸外でのクラス活動

　天気の良い日には基本的に戸外で遊ぶ方針の園もあると聞きます。家庭や地域で安心して遊べる戸外の空間が少ない現代社会の状況からすると、安心できる園庭で体を動かす機会は、乳幼児期にはとても大事です。固定遊具や砂場、虫や草花などの自然物にかかわる遊びは、そうした環境があれば、子どもは遊び始めます。しかし鬼遊びのような集団遊びは、経験がなければ、子どもたちから遊びが始まることはありません。なぜなら、地域で群れて遊ぶ経験がないと、こうした遊びは伝承されないからです。

　そこで、保育者からの提案が必要となります。好きな遊びの中の1つとして、一部の子どもたちと保育者で遊び始める方法もありますし、クラス活動の機会に遊び方を知らせていく方法もあります。

発達を踏まえた鬼遊びの意義

　3歳児の鬼遊びでは、保育者と一緒に遊べることが大きな魅力です。鬼遊びをリードする保育者がいることで、その魅力的な場で遊ぼうと子どもたちは集まってきます。クラス活動や好きな遊びに取り組むなかで、保育者と遊ぶことを楽しみながら、次第に同じ場にいる他児と出会い、かかわりが生まれてきます。

　4歳児になると、好きな友だちや一緒に遊びたい友だちができてきます。遊びの中で、自分の思いや考えを出したり相手を受け止めたりする力を身に付けていく時期ですが、関係性が固定的になったり、人数が増えると一緒に遊ぶことが難しかったりする場面もあります。鬼遊びはある程度の人数がいるからこそ楽しい遊びです。ルールを共有することで遊べるので、日頃の関係を超えて、いろいろな友だちと一緒に遊ぶ楽しさを味わいやすい遊びでもあります。

　鬼遊びの経験を重ねてきている5歳児では、遊びを自分たちで進める力もついてきますし、動きも俊敏になってきます。また、勝敗を競い合うようなルールのある鬼遊びが楽しくなってきます。どうしたら勝つことができるかを考えたり、作戦を立てたり、役割を分担したりして、子ども同士で相談し考え合う姿も、鬼遊びの中で育っていきます。

　こうした発達を踏まえて、保育者は子どもの実態に合った鬼遊びを提案し、子どもと共に遊び方を変化させていくことも必要になります。

| 事例1 | むっくりくまさん（3歳児）
執筆：田島賢治

〈『むっくりくまさん』のお話と歌〉

　日頃からごっこ遊びが好きなクラスだったことから、イメージがあり大勢でわいわい遊ぶ楽しさも感じられる『むっくりくまさん』を導入することにした。クラス全員での鬼遊びは初めてなので、まずは保育室で「むかしむかし、あるところに、くまさんがすんでいました。くまさんはいつも寝てばかり。そこへ子どもが散歩に来たのです」と、遊び方をお話仕立てにし、さらにくまに扮した保育者が実際に動きながら伝えていった。その後、『むっくりくまさん』の歌をみんなで一緒に歌うことも楽しんだ。

〈園庭でやってみよう！〉

　お話と歌がわかったところで、後日、園庭でやってみることにした。園庭を森に見立てて、まずは子どもたちと一緒に「くまさん、いないね」「おーい！　くまさーん！　出ておいでー！」と、導入したお話と同様にぐるりと散歩をした。その後、保育者がくまのお面を被り、ぐーぐー眠るふりを始めた。子どもたちは集まって副担任と一緒に歌を歌い、歌い終わると目を覚ましたくまに追いかけられることを楽しんでいた。

めをさましたら、たべられちゃうよ

ねむっているよ　ぐーぐー

　くまを怖がる子どももいるだろうと予想していたので、くま役の保育者は、子ども一人ひとりの怖がり具合を観察しながら、走るスピードを調節して追いかけたり、わざと追いかけなかったりした。それでもくまが怖くて、遊びに参加することを拒む子どももいた。

〈お願い……！力を貸して……〉

　こうした姿を受け、「子どもの家」という安全基地をいくつか作り、そこにいればくまに捕まらないことにした。くまを怖がっていた子も、逃

ガオー！ガオー！！ガオー！！！

〈ぼくもくまになりたい〉

　遊びに慣れてくると、B児が「ぼくもくまになりたい」と言ってきた。まだくまを怖がる子どもがいたため、ここで無作為に追いかけられたら嫌になってしまうなと考え、「今日は先生がくまやるね。お弁当の後、遊ぶ時にBくんがくまになってよ」とお願いした。聞いていた周りの子も「私もくまになる」「ぼくも！」とうれしそうにしていた。午後になると、早速くま役になり、眠るふりを始めた。これまで保育者が演じていたくまを真似て、あくびをしたり、「ガオー！」と雄叫びを上げたりして、くまになったつもりで楽しんでいた。
　くま役になりたい子どもが増えてきたので、自分のお面を作れるように材料を用意した。鬼遊びだけではなく、くまのままごと、くまのお店屋さんなど、くまブームはしばらく続き、半年後の劇遊びまでつながっていった。

げる役の副担任と手をつなぎ、何度か子どもの家と家の間を行き来することができた。そのたびにくま役の保育者が「また逃げられた！　足が速いなあ」と悔しがった。逃げる自信がついたようで、いつの間にか一緒に逃げていた副担任の手を放し、自らタイミングを見計らって、逃げるようになった。いちばん怖がっていたA児も、「お願い……プリキュア……力を貸して」と自分を鼓舞させながら、逃げ切れたうれしさを重ねていった。その後、A児は自分から鬼遊びに参加するようになった。

事例2 「ザリケロ」鬼遊び（4歳児）

執筆：曽根みさき

〈多くの子どもにとって動き
　出しやすい鬼遊びを考える〉

　5月、飼育していたオタマジャクシの水槽を見て「何を食べるの？」と不思議がったり、足が生えてきた

対岸に向かって走る

ことに気付いたりするなど、関心をもっている子どもが多かった。また、図鑑や絵本、自宅で調べてきた子の話を通して、オタマジャクシはカエルの赤ちゃんであることを共通認識していった。そうした背景から、カエルのイメージを鬼遊びに重ねたら楽しいのではないかと考えた。絵本「10ぴきのかえる」シリーズ（PHP研究所）に出てくる天敵のザリガニを鬼役とした。川に見立てた2本のライン（7～8mくらいの間隔）の間を鬼（ザリガニ）が行き来し、子ども（カエル）は、捕まらないように対岸に渡る「ザリケロ鬼遊び」とした（図1）。

初めてクラスで行った際、保育者は、走るテンポを変えずに、川の端まで行っては戻るという単純な動きを繰り返した。子どもは、保育者の姿をよく見ており、自分なりに「行ける！」というタイミングや場所を見つけて走っていた。捕まるとザリガニに「チョキチョキ」されてしまうが、またカエルに戻って動けることがわかると、繰り返し楽しんでいた。

図1：環境設定①

図2：環境設定②

〈追われることを楽しむ〉

　慣れてくると、わざと保育者の視界に入るように飛び出して、追われることを楽しむ姿が出てきた。そこで、もう少し運動量を増やせるよう、鬼が動ける範囲の制限をなくして、安全地帯も飛び地で設定することにした（図2）。

　実際にやってみると、遠くの安全地帯を目指して長い距離を走ったり、広い方向に思い切り走ったりするなど、伸び伸びと体を動かす姿が増えた。また、鬼遊びに慎重な子どもも、そうっと隣の安全地帯に移動する姿があり、それぞれに走る距離や方向を決めたり調整したりしながら、新しい遊び方を楽しんでいた。

〈ルールのある遊びを通して
　　見られた関係性や個々の変化〉

　しばらく遊んでいると、保育者にタッチされたC児が「カッチーン」と言ってその場で固まった。この時、学年で楽しんでいたダンスの中に「♪カッチーン」というフレーズと振りがあり、C児はそれを真似たようだった。C児の姿はとてもおもしろく、他の子どももすぐに真似するようになった。そこで、固まっても、仲間にタッチしてもらうと動き出せるというルールが自然に加わった。

　鬼役の保育者が「みんな走るの速いなあ！　全然捕まらない！」と言ったことがきっかけで、鬼役に加わる子どもが出てきた。鬼役が増えたことで、逃げる子どもにとっては追われる回数が増えたり、逃げられる場所が狭まったりし、よりおもしろくなった。思い思いのタイミングで役を代えたり、子どもたち自身でも役割を調整したりして、保育者がいなくても遊びが続くようになった。D児が「タッチされてない！」と言い張っていざこざになることも度々あった。これまでは、その勢いに圧されていたE児が「タッチしたよ！」と言い返せる場面も出てきた。初めのうちは怒っていたD児だが、遊びを続けるために友だちの指摘も受け入れられるようになり、友だち関係に変化も見られるようになった。

保育者の動きをよく見て

鬼遊びの教材研究

　皆さんの園では、どのような鬼遊びをしていますか？　「この時期にはこの遊び」と毎年繰り返していると、活動優先の保育に陥ることがあります。大事なのは、なぜ楽しめたのか、子どもにとっての遊びの意味が引き継がれることです。2つの事例は、どちらもイメージを活用した鬼遊びになっています。3歳児の事例で、くまに食べられないように逃げるのは、子どもにわかりやすいイメージです。寝ているくまに近づけば、捕まるリスクは高くなります。ぎりぎりまで近づいてから逃げるのは矛盾した動きですが、スリルを感じつつ動く楽しさが魅力になっています。歌声や動きが揃うことも、一緒に遊んでいる雰囲気を実感しやすくなります。

　4歳児の事例では、飼育していたオタマジャクシへの興味や関心を生かし、絵本のイメージを重ねて「ザリケロ」鬼遊びを考えました。このように「追う―逃げる」動きがイメージしやすい要素を使って、子どもが動きたくなるような、その時の興味や関心に合わせた鬼遊びを創作することもできます。

子どもの取り組みに合わせて鬼遊びのルールを構築する

　鬼遊びでは、導入時にルールの説明に苦心している実践もよく見ます。3歳児の事例のように、まずはお話を聞く日があって、次の機会にそれを活用して動いてみるような計画もできます。また、初めから複雑なルールを導入せず、4歳児の事例のようにシンプルに動きを楽しむところから、少しずつルールや環境を変化させていくと無理がありません。

　3歳児の事例では、くまに捕まるのが怖い子どもがいることを予想しています。そこで、追い方を配慮したり、遊びに参加できない子どもがいたら安全地帯になる場所を作ったりしています。短いエピソードを何度も繰り返すことで、遊びを続けるのか、終息させるのかを調整できることも遊びやすい点です。

　遊びに慣れてくると、子どもの動きも変わってきます。4歳児の事例では、友だちと手をつないで動く、ザリガニを挑発するように動く、「カッチーン」と言って固まるなど、自分なりの動きを出していく姿がありました。こうした姿を捉えながら、安全地帯の設定を変えたり、鬼の動く範囲を広げたり、鬼の人数を増やしたりしています。それが運動量を増やし、「友だちと動く」「友だちを助ける」など友だちとのかかわりも増えることになっていました。一定の時間、もしくはエンドレスで続けられるような遊び方になっていることや、ルールの中でいろいろな役割になれることも、日頃の関係性を変えて遊ぶチャンスとなっていました。

2 挑戦意欲を高める クラス活動（なわ）

なわを使う遊びといえば、なわ跳びですね。それでは、跳ぶ以外にどのような遊びができるでしょうか。なわをいろいろ使うことで、挑戦意欲を高められるようクラス活動をしましょう。（田代幸代）

遊具を使って遊ぶ

　固定遊具や移動遊具など、遊具を使うことで、子どものいろいろな動きが引き出されます。また、遊具や道具をうまく扱えるようになることは、子どもにとっても自信になります。園には、なわやボール、フープ、巧技台など多様な移動遊具があります。いろいろな遊具を使って遊びながら、子どもたちの挑戦意欲を高めたいと思います。多様な移動遊具の中から、ここではなわを使った遊びを取り上げます。

なわの遊びを考える

　まずは、なわを使った遊びをできるだけたくさん考えてみてください。なわ跳びしか思い浮かばないという方もいますか？　なわ跳びは自分でなわを操作して、リズミカルに跳ぶ遊びですが、低年齢の子どもには難しいですよね。手首や腕の使い方、タイミングの取り方、体の動かし方が組み合わさってできる動きなので、4歳児後半頃にならないと挑戦しにくいかもしれません。それなのに、なわを初めて使う時、なわ跳びから取り組もうとする実践が意外と多いのです。

遊具や道具を操作する技能

　遊具や道具を操作しながら動くというのは、経験を重ねないとなかなかできるようになりません。なわのおもしろさを感じるようになる前に、「難しい」「できない」「痛い」という経験をさせたくないと考えます。まずは、なわを持ってみる、扱ってみる、使ってみることから親しんでいくようにします。親しみをもち、繰り返し扱うことで、なわの操作に慣れてくることでしょう。

　なわは伸ばしたり、折りたたんだり、丸めたり、結んだりして、形状を変化させることができます。1本、2本と組み合わせて使うこともできるし、短い、長い、細い、太いなど、なわの材質を意図的に選び、用意することができます。保育者の柔軟な思考で、なわを使って遊べるようにしたいと思います。

| 事例 | **なわを使ったいろいろな遊び**
事例：山崎奈美

10月上旬に行われた運動会で、4歳児は『だるまちゃんとかみなりちゃん』（福音館書店）のお話を参考にして、鈴割りを行った。閉会式で、手紙とともに短なわをおみやげにもらった子どもたちは、後日、うれしそうに持ってきた。

なわを持ってきた日、早速、「ぼく、できるよ」と跳んでみせようとする子がいた。それを見て、真似する子もいたが、上手く跳べずあっという間に片付けてしまった。また、なわを振り回したり、とりあえず目についたところに結んで引っ張ったりするといった危険を伴う動きも予想されたため、一旦、なわを片付け、クラス活動から使い始めることにした。

片足ジャンプ、できるかな!?

運動会でもらった手紙

〈なわを使って遊んでみる〉

「今日は、なわと仲良しになろうね」という話をした後、なわを頭に載せる、置いて前後や左右に跳ぶ、なわの上を歩く、丸にして中に隠れるふりをするなど、回して跳ぶ以外の動きを経験できるようにした。クラスの中には、初めての活動に抵抗を感じる子どもや、配慮を要する子どももいる。そのような子どもたちも楽しそうに参加していた。おそらく失敗や難しさを感じない使い方が良かったのだろう。

また、小学生との交流活動では、小学校の担任と相談し、回して跳ぶ以外の短なわを使った遊びを考えてもらった。小学生は、「片足ジャンプ」「くるくるをつくろう」など、いろいろな動きやなわで形を作るような自由な発想の遊びを提案してくれた。

交流活動では小学生とペアになって遊ぶため、小学生は「すごいね、できたね」とその時々で褒めていた。できないと、難易度を下げて、できない気持ちを引きずらないようにかかわっていた。考えた遊びが終わってしまい困っている小学生に、「この子は電車が好きなんだよ」とアドバイスすると、なわを車両に見立て

なわを持って、探検に出発！

て走るペアもいた。活動後、幼稚園に戻り、保育室で一息ついていると、「楽しかった。明日、小学校に行く？」「優しかった、また会いたい」など、もらったカードを手に、口々に感想をつぶやいていた。

隣のクラスの担任と交流活動を振り返った時、とてもうれしそうな子どもたちの姿から、小学生との遊びの楽しさを再現できないかという話になった。この頃、以前よりも友だちとの遊びを楽しむようになっていたため、2人組で簡単ななわの遊びをしてみることにした。

〈友だちとなわを使って遊ぶ〉

「今日は、なわを持って探検に行くよ。なわは2人で1本だよ」と話した。「なわを2人で持って出発→なわをキャッチ→なわでお風呂を作って休憩→電車に見立てて目的地まで出発→到着」「なわを長い道にして、お家に帰ろう」などのストーリーに沿いながら、2人組で行った。お風呂を作る時、違う2人組の友だちと

なわを並べて、長い道を作って歩いたよ

なわリンピック、エキシビション!?

つなげて大きいお風呂を作る子どもたちがいた。また、電車に見立てた時は、新幹線にしたり、速さを変えながら走ったりする子どもたちもいた。クラス全員で長い道を作った時は、慎重に歩く子どもが多かった。その中で、F児はなわの上を歩くことを怖がっていた。すでに家に見立てたマットに到着していた子どもたちが「頑張れ」と応援し始めた。保育者が補助して、F児がマットまで来ると、仲の良いG児がそっと「良かったね」と声をかけていた。

〈なわを回して跳んでみる〉

このように、なわをものや場に見立て、置いたり動かしたりして使ってきた。12月の子ども会をきっかけに、好きな遊びでは、長なわをヘビに見立てて食べられないように跳ぶなど、徐々に跳んで遊ぶ姿になっていった。

3学期になると、短なわを回して跳ぶ子が増えた。体を動かして遊ぶことを好む子どもたちも多かったことから、クラス活動で「なわリンピック」をやることにした。まずは担任が前跳び、片足跳びなどをやって見せた。また、なわを片手に持ち、跳んでいるつもりで回すなど、いくつかの跳び方も知らせてみた。「どのくらいの人数が跳べるのかな」と様子を見てみると、3分の2くらいの子が何とか回して跳んでいた。特に、走りながら跳ぶ子どもが多かったので、活動の最後に披露する機会を設けたところ、はりきって見せてくれた。

このような「なわリンピック」を2回ほど行った後日、保育者が子どもたちと長なわで遊んでいると、H

「波がいいな」「いいよ」

児は短なわを持ってきて遊び始め、20回以上続けて跳んだ。活発に遊ぶ姿をほとんど見たことがなかったため「すごいね、Hくん！」と声をかけると、とてもうれしそうにし、再び跳び始めた。「見てて」と違う保育者にも跳ぶ様子を見せていた。そこで、保育者は紙に跳んだ回数を書いて、ドアに貼り、見えるようにした。H児はじっと見た後、また跳び始めた。掲示を見たI児は、「Hくん、こんなに跳べるの？」と声をかけると、自分のなわを持ってきて跳び始めた。H児はだんだんとなわ跳びをする友だちが増え、とてもうれしそうにし、3学期の終わりまでなわ遊びが続いた。なわは個人で遊ぶ道具という思いがあったが、友だちとかかわることで充実していくことを実感した。

●なわとの出会いを大切にするクラス活動

事例を読むと、子どもがなわに興味や関心をもつよう、いろいろな工夫が見られます。まず、「運動会のおみやげ」という形で、なわが用意されています。それだけでも子どもにとっては、特別な「自分のなわ」ですね。

また保育者は、「なわと仲良しになる」という言葉をかけて、失敗や難しさを感じないようなクラス活動を実践しました。クラスの子どもたちだれもが操作しやすい動き、楽しめるイメージを投げかけています。こうした工夫と配慮のもとで、なわとの出会いをどの子どもも楽しむことができました。

小学校との交流活動もうまく組み込んでいます。扱いが難しいところを小学生に助けてもらう、なわの多様な活動を提案してもらうなど、幼稚園、小学校共に、互恵性のある活動でした。

●なわを使って多様に遊ぶ

なわは運動的な遊びに使うものという固定観念があるかもしれませんが、事例の実践は柔軟です。なわが探検の道具になり、お風呂や電車、道路になることで、ごっこの世界を楽しみながら遊んでいます。なわを使って見立てたり、見立てた場で動いたりして、楽しむ子どもの姿が

資料1：なわ遊びの分類

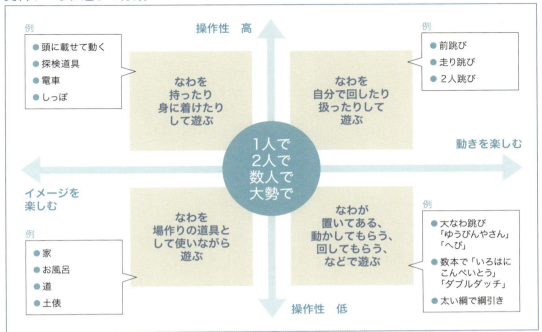

　ありました。
　また1人で使う、2人で使う、保育者に持ってもらう、大勢で持つなど、いろいろな使い方ができます。なわを使って遊ぶといっても、他者が操作する場で動くこともあれば、自分で操作しながら動くこともあります。こうした多様ななわの遊びを資料1に整理しました。4つの枠組みそれぞれを「1人で」「2人で」「数人で」「大勢で」と考えていくことで、なわ遊びの教材研究を進められると思います。

なわを使って挑戦できる環境

　「なわを使って遊ぶと楽しい」ことが子どもの中に積み重なり、次第に回して跳ぶことへの挑戦も始まりました。活発に遊ぶことがほとんど見られなかったH児がなわ跳びに取り組む姿は、担任としてもとてもうれしい姿だったと思います。跳んだ回数を保育者に書いてもらったことが、「もっと跳びたい」と遊びの目標を明確にしました。友だちにとっても刺激となり、「自分も跳びたい」「何回跳べるかな」という期待になることと思います。
　こうした、友だちの遊びの姿が互いに刺激となって、試したり、挑戦したりする姿が、さらに5歳児の育ちへとつながります。
　5歳児になると、なわを自分で操作しながら、あるいは複数のなわを使って、多様な動きが楽しめるようになります。クラス活動でなわとの楽しい出会いを作ることが、その後の挑戦意欲を高め、いろいろな遊具を使った遊びの充実につながります。

3 遊びの幅を広げるクラス活動（ボール）

皆さんの園には、どのようなボールがありますか。
また、各学年でどのようなボールの遊びが行われていますか。
ボールを使って遊びの幅を広げていきましょう。（田代幸代）

● ボールを使ういろいろな遊び

　遊具を使うクラス活動として、前節のなわに引き続き、ボールを取り上げます。ボールは幼少期から身近にある遊具の1つではありますが、子どもがボールを使う姿を見ていると、入園以前の経験に大きな差があることを感じます。そのため、園でボールに親しんだり、ボールを使った遊びのおもしろさを味わったりする機会がとても重要になります。

　個人でボールを使う遊びもあれば、2人で使う、数人で使う、チームでボールを使ったゲームをするなど、いろいろな遊びがあります。ボールの操作も、持つ、渡す、つく、転がす、投げる、捕る、蹴る、打つなど、いろいろな動きがありますね。それだけに、どのようなボール遊びの経験をどのように積み重ねていくのか、保育者の力量が問われています。ボールを使っていろいろ活動することで、遊びの幅が広がります。

　誌面の都合上、多様なボール遊びを取り上げることは難しいので、ここでは投げる遊びを中心に、3・4・5歳児学年の姿を紹介していきます。

● 多種多様なボール

　ボールにはたくさんの種類があります。指で持てる小さいものから、両手を使わないと持てない大きいものまで、大きさも多様です。また、軟らかいものや硬いものなど、材質もいろいろありますし、球体のものばかりではなく、横長のラグビーボールや俵型の紅白玉もあります。

　さらに保育現場では、既製のボールを使う以外に、布やタオル、新聞紙、梱包資材を丸めたものなど、手作りのボールが使われることも多いです。子どもが扱いやすく、手になじみやすいものや持ちやすいものが適している場面もあり、転がり方や弾み方にも違いがあります。狭い空間で遊ぶ時は転がりにくいものを使ったり、ドッジボールのように当てて遊ぶ時には、軟らかい材質のものを選んだりします。こうした遊具の特徴を押さえ、遊び方に合わせて使うボールを選択していくようにしましょう。

| 事例 | ボールを使って遊ぶ
執筆：菅 綾

カラー玉をキャンディに見立ててカボチャの的に入れる（3歳児）

〈"キャンディボール"を投げよう〉

2学期になり、涼しい風が吹いてきた頃、3歳児学年の子どもたちも、園庭に設置したサーキットを楽しんだり、引っ越し鬼をしたりなど、みんなで体を動かす楽しさを感じるようになった。他学年が10月の運動会に向けて行っている活動を見せてもらい、真似してかけっこをやってみると、自分も大きい組になったような気持ちで繰り返し走ることを楽しんでいた。

みんなで体を動かす楽しさを重ねていくなかで、そろそろモノを操作する動きも取り入れたいと思っていたので、低床玉入れを行うことにした。勝敗よりもイメージの世界を楽しみながら「玉を投げる」という動きが経験できるように、「おばけカボチャにいたずらされないように、キャンディをいっぱい食べさせよう」という導入を行った。個々のスペースが確保され、かごにカラー玉を入れやすいよう、1つのかごに5〜6人ずつになるよう場を設定した。おばけカボチャの口に向かって玉を投げ、「食べた！」「もっとあるよ〜」と、玉が入るおもしろさを感じて、玉がなくなると「もう1回！」と繰り返し楽しんだ。

遊びの中で玉入れ（4歳児）

〈玉入れと鈴割り〉

　4歳児学年は高さのある玉入れをクラスで行った。かごの中に玉が溜まっていくのを喜んでいたが、「ぼくの（投げた玉）入った？」と、自分が投げた玉が入ったかどうかを気にする様子があった。そのため、クラスで行うだけではなく、遊びの中でもやりたい子どもが自分のペースで繰り返し楽しめるよう、玉入れの場を設定した。みんなで一斉に玉入れをする楽しい雰囲気や盛り上がりを感じられるのも4歳児学年だが、まだチームの意識より自分の結果が気になる子どももいるのだと改めて思った。

　玉入れは調整力が必要な遊びだが、投げる動きの経験として、力を込めて思い切り投げる経験もしてほしいと思い、鈴割りも行った。運動会の招待状を「やさい村の村長さん」からもらう設定で進めていたので、プレゼントとして的が届き、中から運動会に使う装飾が出てくるなど、中身に期待がもてるような導入で、学年で数回行った。鈴割りは、的に玉を当てて開こうという気持ちで投げるので、腕を引き、足を開いて投げるフォームに自然と近付きやすい。

鈴割り（4歳児）

遊びの中で的当て（4歳児）

新聞ボールで遊ぶ（4歳児）

鈴割りはクラス活動で行うことが多いが、ペットボトルで作った的に玉を当てて倒す的当て遊びを設定し、力を込めて投げる経験も繰り返しできるようにした。

〈新聞ボールを友だちと使う〉

運動会を経て集団遊びの楽しさが増し、また、友だちと遊ぶこともさらに楽しくなってきた4歳児学年の子どもたちに、友だちと一緒にボールを使って遊ぶ経験を取り入れようと考えた。玉入れの玉よりは大きいが、握ったり投げたりの扱いがしやすい、新聞紙をビニール袋に詰めたボールを用意し、まずは1人1つのボールを持ち、十分触って楽しめるようにした。

頭に載せて歩いたり、上に投げてキャッチしたりした後で、2人組のペアになり、2人で1つのボールを使って遊ぶことにした。友だちと一緒に体を動かす楽しさや一緒にできた喜びを感じてほしいと思い、背中合わせになり、頭の上からボールをパスしたり、かがんで足の間からパスしたり、キャッチボールやキックでパスしたりするなど、保育者の指示でいくつかのパターンの動きを楽しんだ。

クラス活動の後、使った新聞ボールを遊びの中で使えるように置いておくと、クラス活動を思い出し、頭に載せて歩いたり投げてキャッチしたりして早速使い始めた。友だちとキャッチボールをする子どももいた。しかし、目について使ってはみるものの、それほど長続きしない様子であった。遊びの中で楽しむには、ある程度自分の動きに対して手応えが感じられないとおもしろさが持続しないと考え、フープを的にして投げ入れる動きを示したところ、入った、入らない、と結果を楽しみながら遊ぶ姿が見られた。

中当て（4歳児）

ドッジボール（5歳児）

　このように、ルールがあることでおもしろさが継続したり、友だちと遊ぶ楽しさを感じたりするのだと思い、新聞ボールを使った中当てを導入した。逃げる相手にボールを投げて当てるおもしろさと、当たらないように逃げるスリル感が生まれたことで、遊びの楽しさが増し、友だちと誘い合って中当てを楽しむようになった。

〈中当てからドッジボールへ〉

　新聞ボールは当たっても痛くないので、当たりたくないという怖さを感じる子どもは少なかったようだ。5歳児学年でドッジボールに移行した際、クラス活動で行う時には「ビュンビュンボール」を投げるコートと「ふんわりボール」を投げるコートとに場を分け、自分で選んで参加できるようにしたが、保育者が思っていたほどはボールに当たることが怖いと感じる子どもはいなかった。新聞ボールでは全く転がらないので外野までボールが行かずにつまらなくなると思い、軟らかいスポンジボールを使用したのだが、新聞ボールで楽しんでいた経験が、ボールに当たる恐怖感よりボール遊びの楽しさとして心に残っていたようだった。そのため、すぐに1つのコートに集まって遊ぶようになった。

　発達に合わせて「投げる」経験を重ねながら、友だちと一緒に体を動かす楽しさを十分味わえるようにしてきたことが、5歳児学年で自分たちの遊びを楽しめる姿につながったのだろう。

● 発達に合わせたボール遊びの経験を押さえ、環境を工夫する

　保育者は、3歳児学年でハロウィンのおばけカボチャを的にする教材を工夫しました。イメージのある遊びを楽しみつつ、投げる経験を重ねることができます。また、動きやすく、一人ひとりがしっかりと活動できる場の配慮がある点も遊びやすいです。

　4歳児学年では、クラス活動で保育者が提案した玉入れや新聞ボールを、遊びの中でも取り組めるように環境を整えて

資料２：投げて遊ぶ例

学年 遊び	ボールの 種類	子どもの経験と環境の構成
3歳児学年 低床玉入れ	カラー玉	●おばけに食べさせるイメージで投げることを楽しめるよう、おばけの形の的を用意する。 ●いろいろな味のキャンディに見立てられるよう、カラー玉を使う。 ●投げやすいよう、軽くて持ちやすい玉を使う。 ●玉を入れやすいよう、的の位置を低くする。 ●個々のペースで動けるよう、5〜6人で活動できる場を設定する。
4歳児学年 玉入れ	紅白玉	●目標めがけて投げ入れることを楽しめるよう、高さのあるかごを用意する。 ●大勢で楽しい雰囲気で遊べるよう、クラスで2か所ほどのかごを用意する。 ●チームの雰囲気を感じながら、繰り返し投げる動きを楽しめるよう、十分な量の紅白玉を使う。

資料３：集団でボールを使って遊ぶ例

学年 遊び	ボールの 種類	子どもの経験と環境の構成
4歳児学年 中当て	新聞ボール （新聞紙を丸めてビニール袋に詰めたもの）	●友だちと遊ぶ楽しさを感じるよう、数人で1つのボールを使って遊ぶルールを提案する。 ●相手に向かって投げることや、当たらないように逃げることのおもしろさを味わえるよう、当たっても痛くない新聞ボールを使う。 ●当てる、逃げるがわかりやすいよう、円形コートを用意する。
5歳児学年 ドッジボール	スポンジボール	●投げる、転がす、捕るなどしてルールのある遊びを楽しめるよう、適度に弾み、外野まで投げることのできるスポンジボールを使用する。 ●自分の技能に応じて参加できるよう、2コートを用意して選択できるようにする。 ●チーム対抗で遊ぶおもしろさを味わえるよう、方形コートを用意する。

います。また、高く投げ入れる（玉入れ）、強く当てる（鈴割りや的当て）など、投げ方の異なる遊びが複数経験できるようにしています。繰り返し投げることを通して、子どもは体の使い方も洗練させていきます。

こうした経験を積み重ねた5歳児学年では、投げる、捕るなどの基本的な動きは獲得されており、ボールを使うルールのある遊びをチーム対抗で楽しめるよう成長しています。一部の遊びではありますが、発達の姿に応じた環境の工夫例を資料２・資料３に整理しました。ここに掲載しているのは一例なので、発達に合わせたボール遊びが充実していくよう、いろいろな遊び方を考えてみてください。

コラム・これまでの保育論から学ぶ ③

小川博久[注1] の保育援助論[注2]

　小川博久は、遊びを中心とした子ども主体の保育を実現するために、現場の保育者と共に、援助とはどうあるべきかを追究した保育援助論研究の先駆者です。子どもが遊ぶのに任せすぎる放任でもなく、大人の考えを押し付け指導しすぎるのでもなく、「かかわりの可能性を相手との関係で考えていくこと」が「必要な援助」であると示しました。その際、「幼児の活動への志向性を見極める」ことが最も大切であるとし、「『援助』とは、幼児に対し、どうかかわることが可能なのかを見極めた上で、子どもが望ましい状態に達して欲しいという大人の願いをもってかかわることである」としました。

　また、幼児の志向性を読み取るためには、遊びの群れができるよう、遊びの拠点を作ることが欠かせないとして、環境構成の重要性も具体的に述べています。保育者は日々実践をして、それを省察する営みを繰り返しています。その中で、幼児理解を修正し援助も軌道修正をしていきます。小川は、この「修正過程こそ、援助という仕事の本質なのである」と論じました。(田代幸代)

注１：小川博久 (1936-2019)。1959年早稲田大学教育学部卒業。1968年東京教育大学 (現・筑波大学) 教育学研究科単位取得満期退学。北海道大学教育学部講師、助教授、東京学芸大学教育学部助教授を経て、東京学芸大学教授、日本女子大学教授、聖徳大学大学院教授。日本保育学会会長、野外文化教育学会会長等を歴任。叙従四位、瑞宝小綬章追贈。
注２：小川博久『保育援助論』萌文書林 (復刊発行2010年)

4章 遊びと行事

園には様々な行事がありますが、保育者主導で展開されがちです。
子ども主体の意味ある行事になるためには、
日頃の遊びのテーマや内容、経験との往還が大切でしょう。
本章では4つの行事を取り上げて、子どもの興味・関心を
どう行事の取り組みにつなげていくかを考えます。

1 本物に触れる体験から遊びへ

本物に触れる体験を友だちと一緒にすると強く印象づけられて遊びが生み出されます。移動動物園が幼稚園にやってきて、動物と触れ合った体験から始まった5歳児と3歳児の遊びの事例を取り上げて、同じ体験から始まったものであっても、年齢によって遊びへの取り込み方が異なることを押さえ、保育者の援助のポイントを考えます。(河邉貴子)

生活や遊びを豊かにする行事

　皆さんの園でも年間にいくつもの行事が長期の指導計画の中で押さえられていることでしょう。『幼稚園教育要領』には、指導計画の作成に当たって特に留意する事項として次のように記されています。

　「行事の指導に当たっては、幼稚園生活の自然の流れの中で生活に変化や潤いを与え、幼児が主体的に楽しく活動できるようにすること。なお、それぞれの行事についてはその教育的価値を十分検討し、適切なものを精選し、幼児の負担にならないようにすること。」

　ここからイメージされるのは、日頃の活動の節目として子どもが主役となって取り組む類の行事(生活発表会等)だと思いますが、ハレの日を楽しむような行事(遠足や観劇会等)についても「生活に変化や潤いを与える」ものになるように準備する必要があるでしょう。事例を通して考えます。

事例1　移動動物園の体験から広がる遊び〈5歳児の場合〉

執筆：曽根みさき

　9月上旬、いろいろな動物に興味をもったり、実際に触れて生き物の温かさや柔らかさを感じたりしてほしいというねらいのもと、移動動物園を招いた。ウサギやヒヨコに触れられるコーナーでは、「フワフワ〜！」「あったかい！」という声が多く聞かれた。また、ポニーの乗馬体験では、目線が高くなることや揺れを楽しんでいた。たっぷりと動物と触れ合うなかで、多くの子どもが動物への親しみや大切に扱おうとする気持ちを感じていた。

〈羊毛フェルトの動物作り〉

　移動動物園の翌日、数名の子ども

フワフワだよ

が「ヒヨコを作りたい」と保育者に求めてきた。この時、子どもにとっては「フワフワ」ということが大事で、これまで経験がある空き箱などのペット作りとはイメージが違うようだった。保育者が羊毛フェルトを用意すると、子どもたちは納得し、すぐに形を作り始めた。A児は、できあがると友だちや保育者に「フワフワだよ」と見せて回っていた。A児にとっては、動物の毛の感触がとても印象深く、それを再現できたことがうれしく、満足したようだった。

〈実際に乗れるポニー作り〉

モルモットやウサギ、ポニーなども作るうちに、他の子どもも興味をもつようになり、できたものを見に来たり、触ったりしてかかわっていた。そうしたなかで、羊毛フェルトのポニーを見た子どもから、「本物はすごく大きかったよね」という声が上がった。保育者はそのつぶやきを受け、ポニーに乗った時の感想を

本物みたいにできた

聞いていったところ、「乗ったら高かった」「結構揺れた」などの声が聞かれ、やはり乗馬の印象が強いようだった。

そこで実際に乗れる大きさのポニー作りを提案したところ、興味をもった3人の女児が保育者と一緒に作り始めた。フサフサのたてがみなど、本物らしくなるようこだわって数日かけて作っていった。できあがったものを台車に載せて動かせるようにすると、乗れるようになったことを喜び、押す係と乗る係を交代しながら乗ったり動かしたりすることを楽しんでいた。また、そうした楽しそうな姿に惹かれ、他の子どもが「乗せて」とやってくる場面も増えた。友だちと力を合わせて作り上げた満足感や、作ったものを認められるうれしさを感じていた。

〈動物園作りへ〉

乗れるポニーを使った遊びは、みんながよく通るテラスで行っていたこともあり、動物にちなんだ遊びは隣のクラスにも広がっていった。初めは、友だちが作っていたものを真似たり、移動動物園で触れて気に入ったものを作ったりしていたが、次第に、それ以外の動物を作る姿が出てきた。

B児は、動物図鑑の写真から、ハリネズミを作ることに決めたらしく、焦げ茶色のフェルトを楕円形に丸めていた。丁寧に作っている姿に保育者は感心していたが、B児は納得していないようだった。どうしたのかと思って見ていると、B児は「(図鑑の写真は)毛の色が茶色に見えるけど、灰色にも見える」と言った。保育者も図鑑を見ると、確かにそうだ。用意していたフェルトの中に、ちょうど白みがかった灰色のようなものがあり、保育者が「こんな色が似ている?」と聞くと、B児は「混ぜてみる」と言い、自分の納得のいく色味を作り上げた。その後も、画用紙を小さく切ってハリネズミの針を作った。触ると本当にトゲトゲしているので、友だちにそっと抱くように伝えたり、保育者が痛がるとうれしそうに笑ったりしていた。実際に動物に触れたことで、毛の色や感触への興味・関心が深まり、本物らしく再現したいという気持ちが高まっていたのだと感じた。

移動動物園をきっかけに遊びを進めていく子どもの姿を通し、本物に触れる体験の意味を改めて学んだ。また、共通の経験の中でも、楽しかったことや印象深かったことはそれぞれであり、個々の再現したいことを的確に捉え、それに応じた遊び方を支えていくことの大切さも実感した。

事例2 〈3歳児の場合〉
執筆：栗林万葉

　事前に知らせていたので、数名の子どもは「明日、動物園？」とワクワクしていた。より期待が高まるように、また、ハサミの経験が積み重なるようにと、画用紙で作ったウサギやアヒル等に、エサの絵が描いてある紙を切って、「エサをあげる」遊びを提案した。

〈動物たちに触れる〉

　当日は、怖がる子どもは少なく、果敢に触れに行く子どもが多くて驚いた。スティック状のリンゴやパン、ニンジンをウサギやモルモットにあげるとモリモリ食べてくれたので、うれしそうな子どもたち。次々とエサをあげていたのが印象的だった。

エサを作らなくちゃ！

ニンジン、おいしいな〜

エサを切ってごはんをあげよう！

〈楽しかったことを再現する〉

　翌日、楽しかった気持ちを再び共有したいと思い、モルモットやウサギ、ヤギ、ポニーなど触れ合った動物のお面の紙を用意した。そして、朝からモルモットのお面を被って、子どもが登園するのを出迎えた。保育者がモルモットのお面を着けていたので、支度を終えた子どもはウサギやポニーなど気に入った動物を選んで、お面を作り、身に着けていた。動物の仲間が増えてきたところで、ソフト積み木で場を作り、おうちにすると、動物たちになった子どもが次々と入ってくる。画用紙を細く丸めて、スティック状のニンジンに見立てたものを保育者が「ポリポリ」と食べるふりをすると、C児やD児もポリポリと食べるつもりになっていた。

　あっという間にエサがなくなってしまったので、近くのテーブルに材料を用意すると、E児とF児がくるくると丸めてニンジンや、リンゴなどを作り始めた。作ったエサを動物たちにあげたり、動物本人が自分のエサを作って食べたりしている姿も見られた。実際に動物たちにエサをあげた楽しさやうれしさが遊びの中に取り入れられ、3歳児なりに再現していた。

本物に触れて楽しんだ「感覚」を大切にすること

いつもの園庭が「小さな動物園」に変身するのですから、移動動物園は子どもたちにとって特別な体験に違いありません。5歳児はその翌日、早速体験を遊びの中で再現しようとします。担任保育者は、子どもが動物と触れ合うことで得ていた「感覚」を大切にし、間接的・直接的な援助をします。

例えばヒヨコに触れて感じた「フワフワ」という感触を大切にするために羊毛フェルトを提示したり、乗馬で体験した目線の高さや揺れを再現するためには実際に乗れる動物を製作しようと提案したり、本物らしい色味にこだわるB児とは相談しながら素材を探究したり。

動物園に遠足に行った次の日に、動物園ごっこが始まることはよく見られる光景ですが、本事例はそれを超え、それぞれ刺激されていた近感覚（触覚）や遠感覚（視覚や聴覚）を保育者が大切にしたことによって、子どもは本物に触れた「感動」や「感覚」を遊びにつなげる喜びを味わったものと思われます。

3歳児と5歳児の違い

3歳児にとっては園生活で初めての移動動物園です。動物への興味・関心もまちまちであることを見通して、保育者はより期待が高まるように、「エサをあげる」遊びを提案しています。日頃の園生活の中でも飼育物のエサやりに慣れているからです。当日も動物に触れたりエサをやったりすることを喜ぶ姿が見られました。5歳児と異なるのは、エサやりを通して楽しんだ動物との応答性を遊びの中で再現しようとしている点です。

年齢が低いと、興味・関心をもった対象と自己との関係が近いのか、そのものに「なってみる」ことで楽しかった気持ちを再現しようとします。本事例でもお面を被って動物になりきったり、友だちがなりきっている動物にエサをやる行為を楽しんだりしています。保育者はそのために必要な環境を用意しています。5歳児が対象と触れ合うことで得た繊細な感覚を遊び化しようとしている姿とは異なるものと言えるでしょう。

同じ行事体験でも子どもの年齢によってそこからどんな遊びが生まれるかは異なります。子どもがどこに印象付けられているかをよく理解して、環境を準備することが求められます。

2 体を動かす喜びから運動会へ

運動会でリレーに取り組む園は多いことでしょう。
「運動会のための練習」ではなく、子どもたちが意欲的に
自らリレーを楽しむための指導の工夫を考えます。（河邉貴子）

全力で走る心地よさ

　子どもは生まれてから小学校低学年くらいまでの間に、大人が普段の生活の中で必要とする基本的な動作のすべてを獲得すると言われています。これらの基本的な運動技能は生活や遊びの中で体を十分に動かすことによって獲得されていきます。

　基本的な動作には、歩いたり走ったりなどの「移動系動作」、体のバランスをとる「平衡系動作」、モノを扱いながら動く「操作系動作」がありますが、特に移動系動作は生活する上で最も重要な動きです。1歳前後で歩き始めた子どもが6歳児では滑らかな動きで走り回れるようになるのですから、乳幼児期にたっぷり経験させたい動きといってよいでしょう。

　子どもの好きな遊びの1つである鬼遊びも、ここで取り上げるリレーも基本は「走る」動きが中心です。力いっぱい走る心地よさをどう子どもたちが味わっていくか。事例から読み解きましょう。

 事例　リレーのおもしろさ
執筆：栗林万葉

〈4歳児の時から〉

　本園では運動会の種目として毎年、5歳児がリレーに取り組む。私が担任をする4歳児は5歳児が精一杯走る姿や全力で応援する姿を目にし、年長組への憧れの気持ちがふくらんでいった。

　運動会が終わり、トラックを小さめに描き直して年長の真似をして走れるようにしてやると早速走り出す。そこへ5歳児もどんどん加わり、憧れの5歳児と一緒に走れる喜びや、年長児が相手でも負けないように思いっきり走ろうとする姿が見られて、すでに次の運動会を楽しみにする子もいるほどだった。

〈いよいよ年長！〉

　年長組になり、1学期は折り返し

年長さんと一緒にリレー

リレーを提案した。4歳児の時は、興味をもった子が円周リレーをやっていたが、全く経験していない子どももいた。そのため、まずはバトンの受け渡しがわかりやすい折り返しリレーを行い、バトンを次につないでいく経験を積み重ねるようにした。

初めの頃はバトンをもらってから自分が走り出すということが難しい子どももいたが、学年活動や、食後の好きな遊びの時間などに繰り返し行ったりしたことで、バトンをもらってから走るということはわかってきたようだった。

しかし、好きな遊びで行っている時には、チームの人数もバラバラで、バトンをつなぐ相手がいなければ、同じ子が何度も走り、エンドレスで走り続ける姿があった。クタクタになりながらも、バトンを持って走るうれしさを感じているようにも見えた。

〈次はトラックで走ってみる〉

多くの子どもがバトンをつないで走ることのおもしろさを経験したので、1学期末にいよいよトラックの上を走る円周リレーを取り入れた。初めは、トラックの内側を走ってしまったり、大回りで走ったりする子もいたが、4歳児の頃から繰り返し経験していた子どももいたので、大幅にコースを外れて走る子どもはいなかった。

好きな遊びの時間に円周リレーを楽しむ子が多くなっていったが、チーム分けも適当だったためやはりエンドレスで走り続けていた。

G児は、自分が相手チームよりも先にスタートしていると、少し速さを緩めて、H児がバトンをもらってから全速力で走っていた。順番待ち

次の人にバトンをパス！

をしている時も、隣にいる子に「一緒だな」「負けないぞ」と言っており、この頃はチームで勝負するというよりは、一緒に走る相手との勝負という意識が強いようだった。

〈速く走りたい！〉

　リレーを繰り返すうちに、「速く走りたい！」「勝ちたい！」という思いが先行して、少しコースの内側を走る姿も出てくるようになった。そこで、学年で一番足の速いI児に走り方を見せてもらうことにした。I児は食後のリレーにも必ず参加しており、たくさん走っているため、さらに走り方が良くなっていた。I児の走り方を見て、「Iくんてこんなに速いんだ！」「ぼくもIくんみたいに走りたい！」という声が上がった。普段はおとなしく、自分から前に出ようとしないI児なので、新たな一面を知ってもらう機会にもなった。

〈チームの意識も出てきて……〉

　円周リレーに慣れるまでの数回は保育者が順番を決めていたのだが、運動会でのチームが決まってからは、チームの仲間で相談して順番を決めるようにした。相談の様子を見ていると、最初は自分が何番目に走りたいかということだけで相談しているようだった。なかには、「だんだん速くなるようにしよう」と子どもたちなりの作戦を考えているチームもあった。そのチームは、最初は子どもたちの判断でゆっくりだと思われる子に先に走ってもらっていたのだが、相手のチームが速い子を選んでいたため、大幅に差をつけられていた。保育者としては、この経験で最

初と最後に速い子を入れると良いということがわかるかなと思ったが、そのチームは見事にだんだん差を縮めて勝っていた。そのため、「だんだん速くなる作戦」が有効となり、それ以降もその作戦で順番を決めていた。

〈気持ちの変化〉

リレーを通して、子どもたちの気持ちの変化も大きかった。1学期の時の折り返しリレーやその他の勝ち負けのあるものをやった時は、負けたことが嫌だから泣いていたり、4

速い順にする？　どうする？

位でも「やったー！」と喜んだりしている姿が見られ、勝ち負けのあるもののおもしろさはまだまだ感じていなかった。鬼遊びでも、負けることが嫌だから最初から鬼を選ぶような子もいた。しかし、好きな遊びや学年活動で繰り返しリレーをすることで、嫌だからではなく、悔しさからの涙に変わり、自分1人が相手に勝

運動会当日の真剣な表情

てればいいのではなくて、チームで勝つことに喜びを感じていた。また、1回戦のチームが負けてしまっても、「私たちで勝てばいいもんね！」「次は勝とう！」とチームとして勝てるように頑張ろうとしていた。負けるたびに悔しくて大泣きしていたJ児は、「本番で勝てればいいもんね」と自分なりに気持ちを切り替えていた。

さて、運動会当日。両チーム接戦の末、片方のチームが全勝した。全敗した子どもたちは、悔しさもありながらも、どこか清々しい表情を浮かべていた。「精一杯やったぞ」「頑張ったな」「楽しかったな」そんな思いが聞こえてくるような表情の子どもたちだった。リレーを通して、子どもたちの気持ちもこんなに大きく成長するのだと感じた。

〈今度は自分たちが〉

運動会後は、今度は5歳児の子どもたちが、4歳児と一緒にリレーを楽しんだ。思いっきり走る姿を見せたり、4歳児に少し気を遣ったりしながら、一緒にリレーをやっていた。そうやってまた次につながっていくのだろうなと感じた。

年中さんには負けないぞ！

「見ること」の機会

リレーのおもしろさが、年長組から年中組へ、そしてまた次へと、まさにリレーされていった事例です。起点となっていたのは「見る機会」です。子どもは憧れの対象を「見る」ことによって、やってみたい、ああなってみたいと思い、真似をします。心が動くことによって、体が動くのです。担任保育者が4歳児の体力に合わせて小さめのトラックを描くと、やりたい子どもがすぐに走り始めました。「見る」ことは大きな動機付けになります。

しかし、子どもには遊びの好みもありますから、どの子どもも同じように動機付けられるわけではありません。クラス活動として適時取り上げることによって、どの子どもも「かけっこ」とは異なる、友だちにバトンをつないで走るおもしろさに気付くことができるでしょう。

資料1：リレーのおもしろさと援助のポイント

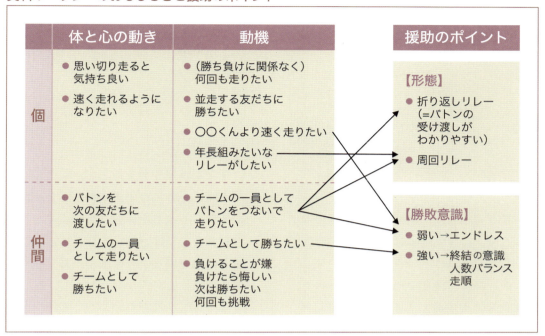

その時々の おもしろさの理解

その際、その時々に子どもが感じているおもしろさを理解することで、リレーの形態や援助のポイントが見えてきます（資料1参照）。

■ リレーの形態

リレーのおもしろさは「友だちにバトンをつなぐ」ところにあります。前から走ってくる友だちからバトンを受け取るほうがわかりやすいので、経験が少ないうちは「折り返しリレー」を提案します。受け渡しに慣れたら（園の環境的に可能ならば）、周回リレーにすると、走る友だちの姿が見えやすく、チームを応援する気持ちがぐんと高まります。

■ 勝敗意識

好きな遊びとして取り組む場合、子どもだけで人数調整をすることは難しいこともあり、初めのうちはエンドレスリレーで満足しています。クラス活動としてのリレーで「終わり」の意識がもてると、人員が同数でなければならないことや、走順が勝ち負けに重要であることに気付き、自分たちでも調整しようとします。

リレーはこうあるべきと押し付けず、クラス活動と好きな遊びの往還を大事にしながら、どこに意識を向けたらよいかを考えることが援助のポイントです。

「負けて悔しい」という経験を通して次は頑張ろうという意欲や仲間意識、精一杯やることに意味があるという充足感等、心が大きく育つことが何より大切です。

3 遠足での体験から遊びへ

遠足は子どもにとって楽しみな行事の1つです。
友だちと一緒に園外に出かけ、そこで様々なものに出会う体験、
つまり「共有体験」は子どもの心に深く残り、
遊びとして再現しようとします。(河邉貴子)

協同的な活動の積み重ね

　行事が近づくと一気に保育者主導の保育になり、自分で選ぶ好きな遊びの時間が削られてしまうということはないでしょうか。特に保護者を招いて日頃の保育の成果を披露するような内容の行事において、見栄えを子どもに求める傾向が見られます。何かの練習の合間に「休み時間」のように遊ぶ……、そうならないためにはどうすればよいでしょうか。

　子どもはおもしろいと思ったことは積極的に遊びの課題として取り込もうとします。行事を生活に潤いをもたらすものと位置付けるならば、子ども自身が日頃の遊びの内容と行事の内容とをリンクさせていこうとする心情や意欲を大切にしていきたいと思います。

　多くの園の長期の指導計画では、運動会のような体を動かすことが主の行事は初秋に、造形的な表現が中心の行事はその後に位置付けられています。そして、子ども会のような劇的な表現や音楽的な表現を楽しむ行事は、2学期末や3学期の初めに行われることが多いのではないでしょうか。私は、この流れは子どもの協同性の発達にとって、絶妙な順序だと思っています。

　子どもは運動会を通して、友だちと動作が合ったり思わず体が共鳴し合ったりするおもしろさを体験します。友だちと共に体をいっぱい動かす共有体験は友だちとの心のつながりを生み、協同性の基礎を形成します。

　その上で、友だちと協力して何かを作り上げる活動があると、協同することのおもしろさを味わいます。造形物は目の前に形として残っていくので、協力関係が「可視化」できますから、話し合いがまだうまくできない時期であっても、目の前の「モノ」を介して友だちと協力する経験を積み重ねやすいのです。

　こうして友だちと協同するおもしろさが深まっていくからこそ、学年の集大成の時期にイメージの世界を自分たちで作り上げる表現活動が充実するのではないでしょうか。

　幼児期の終わりまでに育ってほしい姿の1つが「協同性」です。行事は共通の目的に向けてお互いに考えたり工夫したり協力したりする喜びを味わうことができる機会です。事例を通して共通の目的に向けて主体的に活動に取り組む姿と援助のポイントを探ってみましょう。

> 事例

幼稚園に遊園地を作りたい
執筆：八木亜弥子

〈遊園地ごっこの始まり〉

　遊園地（浅草花やしき。以下、花やしき）に遠足に行った。花やしきにはボート型の乗り物やメリーゴーランド、ローラーコースター（ジェットコースターの名称）など子どもが乗れそうなアトラクションがいろいろある。前日までに、自分で乗りたいものを数種類選べるように、写真を掲示しておいた。当日は、乗り物のチケットを自分でちぎって「お願いします」と係の人に渡し、友だちと一緒に乗ることを楽しんでいた。ローラーコースターに乗った後は待っていた友だちに「すごく速くてね、途中でスカイツリーが見えたんだよ」「怖いから目をつむっていたら終わっちゃったんだ」と話したり、おばけのアトラクションに乗った子どもは「急に何か冷たいものがかかってすごくびっくりしたんだよ」と興奮気味に話したりする姿があちこちで見られた。

　幼稚園に戻って、みんなで集まり話をしていると、子どもたちが「もう1回花やしきに戻りたい」と言うので保育者が「花やしきの中に幼稚園作っちゃう？」と言うと子どもたちは「無理だよ〜」と笑っていた。するとK児が「じゃあ幼稚園に花やしき作ればいいんじゃない？」と言

遠足でローラーコースターに乗った

った。保育者は遠足での共通体験を遊びに生かしてほしいと願っていたので「いいぞいいぞ、花やしきごっこが始まるな」と心の中でガッツポーズをしながら、「えっ？　どうやって？」と聞いてみた。子どもたちは「段ボールとか積み木とかで作ればいいじゃん」「部屋を暗くしておばけのとかも作りたい」「私たちが作ったのなら、小さい組も乗れるかも」と口々に考えを話し始めた。翌日準備しておいてほしいものを子どもたちに聞いて降園となった。

〈ローラーコースターを作りたい〉

　翌朝、子どもたちからリクエストのあった段ボール・段ボールカッター・ガムテープ・カラーポリ袋・おばけの本・懐中電灯・ロープなどを遊戯室の机の上に準備しておいた。登園してきた子どもたちはやる気満々で作りたいものを保育者に言い

遊びすぎてボロボロ

に来た。保育者は「どうぞどうぞ。足りないものがあったら教えてね」とまずは自分たちで作れるよう促した。すると、同じものを作りたい子ども同士が自然に集まって、段ボールを切ったり貼ったり組み立てたりしながら遊びが進んでいった。ローラーコースターは5〜6人の子どもが段ボール箱をつなげて作り始め、乗る人と押す人を交代しながら床の上を滑らせていた。遊びすぎて箱はボロボロになり、押していた子どもは「これ、すごく疲れる」と言い、遊びが続かなくなりそうになった。

保育者はいつタイヤ付きの板を出そうかとタイミングを待っていたので、「そうね、動かすの大変そうだね。こんなものもあるよ」とタイヤ付きの板を出すと、歓声が上がった。新しい段ボール箱を組み立て、協力してガムテープでタイヤ付きの板に付けて、ロープで引っ張って動かすようになった。さらに、座席を段ボールで本物らしく作ろうとするが、人が座ると重さで潰れてしまう。L児は座席の下に支えになるものを入れようと考え、段ボールや牛乳パックなど身近な素材で試行錯誤していた。なんとか座れるようになるとまた大喜びしていた。保育者が「見てみて、Lくんがこんな工夫をしているよ」と知らせると、「それ、すごくいいじゃん！」と認める声がかかった。同じ遊びをしていても気付くところやこだわるところが違うのでそれぞれの考えが生かされ受け入れ合って作っていた。次第に「コースを作りたい」と言うようになり、坂道を作る方法を考え始めた。安全を考えながら保育者も一緒に巧技台で坂を作り、そこを滑らせることにした。作ったメンバーは乗ったり押したりどちらの役割も楽しんでいた。

〈遊びの中の工夫いろいろ〉

クラスの中では、他にあと5つのアトラクションが作られた。どれも

タイヤを付けよう

スイスイ動いて楽しい！

それぞれの特徴を捉えて作っており、遠足で見たり聞いたりしたことも取り入れられていた。例えば、実際の花やしきのアトラクションの中には、身長制限があるものがあり、乗り場には子どもの身長を確認するものがあった。それが印象的だったようで、入り口に身長を測るものを作りたいという子どももいた。そこでものさしを出すと、「これが何センチってどうやってわかるの？」と聞くので、見方を伝えて、100、110と保育者と一緒に目盛りを付けた。客を呼ぶようになると、入り口で身長を測ってから乗り物に乗れるようにしていた。

1人では方法やアイデアが浮かばなくても、遠足での共通体験があったから友だちがやろうとしていることがわかり、アイデアを出し合うことができたのだろう。

〈4歳児を招待して〉

遊戯室の中にアトラクションができてくると、そろそろ4歳児も呼ぼうということになり、数人の子どもが4歳児にもわかるようにとフリーパスを作っていた。入り口でクラスカラーのフリーパスを手につけ、4歳児がやって来ると「こちらに並ん

入り口に身長計を作りたい

でください」「もう少しお待ちください」と列を誘導する係や、アナウンスをする係などこれまでになかった役割が自然と出てきて分担しながら進めていた。係の人だとわかるようにネームプレートも下げていた。アナウンスはマイクと原稿を持ち、「こんにちは！ ローラーコースターへようこそ！」という文言から始まる。その後、乗り方の注意を促すものがあり「いってらっしゃい」と送り出してくれる。自分たちが体験したことを本当によく再現していて保育者もびっくりするほどだった。

さらに、1つのアトラクションがアナウンスを始めると、他のアトラクションも同じようにアナウンスを始めた。友だちのしていることをよく見ていて互いに刺激し合っていた。

　4歳児がとても喜んで何度も遊びに来てくれたこともうれしかったようだ。4歳児や保護者をお客さんに招いて数日間遊びが続いた。遊びの終わり、「これ作る時、何回も壊れたよね」など作った時のことを語りながら片付ける姿からも子どもたちが充実感・満足感を得ていたことが感じられた。

年少さんがお客さんに

図1：クリエイティブ・ラーニング・スパイラル

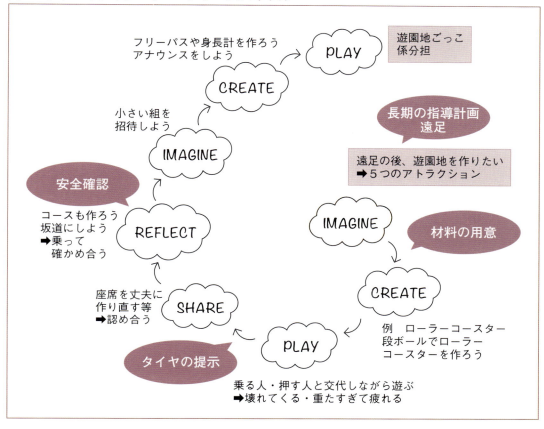

協同的な学びのスパイラル

　担任保育者は遠足が協同的活動のきっかけになればいいと思っていますが、直接そうは子どもに投げ掛けません。しかし、楽しさを共有した子どもたちは、保育者の予想通り、幼稚園に遊園地を作りたいと言い出します。スタートは遠足でゴールは遊園地ごっこですが、この間の一連の取り組みの中に、子どもたちがイメージ（Imagine）したものを作り（Create）、遊び（Play）、他者と共有して（Share）、考えて（Reflect）、また次のイメージを実現していくという循環を読み取ることができます（図1参照）。

　これはクリエイティブ・ラーニング・スパイラル[注1]と呼ばれているもので、遊園地を幼稚園内に作りたいという強い動機に支えられ、主体的に協同しながら学び合う良き循環が生まれていることがわかります。保育者は子どもたちが次の遊びの課題を乗り越えるのに苦労している様子を示した時に、タイミング良く新しい道具を提案しています。遠足という楽しい共通体験と日頃の遊びで培われた友だち関係、そして適時的な援助が絡み合ったからこそ、このような「子ども主体」の取り組みになりました。

注1：ミッチェル・レズニック、村井裕実子、阿部和広著、ケン・ロビンソン序文、酒匂寛訳、伊藤穰一日本語版序文（2018）『ライフロング・キンダーガーテン　創造的思考力を育む4つの原則』（日経BP）

4 日頃の遊びから生活発表会へ

「劇的な表現活動を進めることが苦手」という声をよく聞きます。
保育者が「やらせる劇」ではなく、子ども主体の取り組みとするために、
日頃の遊びから生活発表会へとつなげていった実践を紹介します。（田代幸代）

●園の保育の集大成である行事

　子ども会、生活発表会など、ほとんどの園では子どもの表現活動を見てもらう機会を設定していると思います。描画や製作、歌、合奏、劇的活動など、様々な表現要素の中で重点を置いている部分は園によって異なるかもしれませんが、それが園の保育を象徴する行事となっていることも事実です。劇的な表現活動は、安定した人間関係の中で、子どもが積み重ねてきた多様な経験が位置付く、まさに園生活の集大成といえる行事です。

　広い舞台を借りたり、保護者や保育者が作った手の込んだ衣装を着たりして、「当日の見栄え」を評価する風潮も一部にあります。当日までのプロセスで、子どもにどのような学びがもたらされたのかを問うべきだと思います。

●一人ひとりが主役となる、子ども主体の取り組みにする

　しかし、劇的な活動が苦手という保育者は少なくありません。子どものごっこ遊びは楽しくできるのに、劇となると日頃の遊びからは離れてしまい、保育者主導になってしまうことを悩んでいる保育者も多くいます。保育者が決めたセリフを子どもたちに教え、指示した通りに「練習してできるようにさせる」実践に陥りがちです。どうしたら、劇的な表現活動を、子ども主体で進めることができるのでしょうか。ここでは、5歳児の事例から考えていきたいと思います。

 事例 「おやゆび姫」の劇ができるまで
執筆：菅 綾

〈『ツバメ』の踊りを中心に
保育を組み立てる〉

　5歳児進級後、子どもからの希望で曲をかけると、「あ！『ツバメ』注2でしょ？」「知ってる！　踊れるよ！」と、すぐにみんなの大好きな踊りになった。ちょっと難しい踊り方やリ

注2：NHK Eテレ「あおきいろ」のテーマソング。詞・曲・編／Ayase、歌／YOASOBI withミドリーズ、振付／MIKIKO

ズムが、進級した子どもたちの心境に合っていたようだ。その様子から、今年はこの踊りを取り入れながら、「空」をテーマに保育を進めていくことにした。例えば、チョウから手紙が届き公園に遠足に行く、チョウの友だちのツバメから手紙が届き、夜まで幼稚園で過ごす行事につながるなどである。そのような取り組みから、チョウやツバメになって踊ったり、自分たちでストーリーを考えたりして「チョウ劇場」や「ツバメ劇場」という遊びにもつながっていった。

子どもたちの間で『ツバメ』の踊りが流行っていることを受け、保護者も有志のメンバーで演奏や踊りを披露してくれた。そこで運動会では、親子競技にも『ツバメ』の踊りを取り入れ、ダンシング玉入れを行った。「家で一緒に練習しましたが、子どもから踊りの指導を受けました」「こっそり動画を見ながら練習したかいがありました」など、保護者も楽しんでいた様子がうかがえた。

〈「おやゆび姫」の劇をしよう〉

学年で取り組む行事である運動会を終え、遠足後に遊びの中で遊園地ごっこを行い、友だちとのつながりが深まってきたところで、生活発表会に向けて取り組み始める時期となった。2年間の経験があるため、劇

おやゆび姫の衣装作り。ゴム通しに挑戦！

や歌、合奏をしたいという話になるだろうと予想し、劇はツバメが出てくる「おやゆび姫」、合奏は「ツバメ」を提案することにした。

学級で絵本や紙芝居を読んでおき、学年で集まって生活発表会の話を投げかけた。「今年は『おやゆび姫』の話をみんなでやるのはどうかな。だけど、きっとおうちの人も知っている話だろうから、みんなで考えて、もっとおもしろくしたいよね。ツバメも出てくるけど、『ツバメ劇場』の時よりもっとすてきなツバメになったりしてさ」と劇の話をすると、「いいね！」と賛同の声が上がった。

「私、おやゆび姫になりたい！」「絵本に出てこない役もいいってこと？」と、すぐに自分がなりたい役を考える子が多かった。恐竜好きの子が「恐竜は？」と言うと、恐竜は大きすぎるのでおかしいということになり、おやゆび姫は小さいから、虫や動物など一緒にいておかしくないもので考えることにしようと決めた。

その後、「虫だったらカマキリかバッタかな」とか、「おやゆび姫を捕まえた、と思ったら実は魔法使いで、にせもののおやゆび姫だったっ

カマキリのお面作り ピカピカの絵の具を塗って……

てことはどう？」など、なりたい役やストーリーにかかわるアイデアも出てきた。大まかなストーリーを決めてからさらに具体的な相談をしていくことにし、役の候補を挙げてそれぞれ選ぶようにした。おやゆび姫をさらうコガネムシは代わりにクワガタになり、モグラとの結婚を勧めるネズミの代わりにネコ、他にもトカゲやザリガニ、スズムシなど、どのシーンで登場するか、味方なのか敵なのかを決め、数日間迷いながら１つの役を選んでいった。

〈同じ役の友だちと相談したり協力したりする〉

　役が決まったところで役ごとに集まり、衣装をどのように作るか、大道具は何が必要かなど、今後の見通しがもてるよう話し合いをした。まずは子どもたちの思いを形にできるよう衣装作りから始め、保育者も素材や作り方を提案していった。

　衣装作りでいちばん思い入れが強かったのはカマキリの役である。毎日のように虫捕りをし、カマキリの種類や生態に詳しいメンバーだったため、「カマキリの目は小さい目がいっぱい集まっているから、そういうふうに作りたい」と、気泡緩衝材を丸めて作ることにした。ツヤのある絵の具で頭のお面とカマを作ったところで保育者は十分だと思っていたが、「羽は？　羽がないとね」「内側に薄い茶色の羽もつけたいな」と、本物らしさを求め、触角は緑にするか黒にするかなど、細部にもこだわって作っていた。また、モグラは、鼻先がとがっているようなお面にしたいということで、牛乳パックを２つ重ねて形を作ることを提案すると、「そう！　そんな感じ！」と、思い描いたイメージに合い、喜んでいた。牛乳パックの土台に折り紙をノリで貼る際も、貼り残しがないよう丁寧に仕上げていた。

　衣装を作るなかで、同じ役同士で作り方を教え合ったり、順番に押さえながら切るなど協力したりする姿が見られたが、違う役の子どもにも「すごい！　いいのができたね！」と認めたり、「あ、そうやって作ることになったの？」と関心をもったりする姿があちこちで見られた。自分の衣装をいいものにしたいという思いだけでなく、みんなでいい劇を作りたい、という思いが予想以上に感じられた。

　衣装を作ることで同じ役の友だちと集まるので、そこでアイデアが出

スズムシの羽作り「スズムシの羽？いいね！」

ツバメになって遊ぶ

てくることもあった。クワガタは、おやゆび姫を捕まえて飛ぶが、樹液の匂いをかいでヨダレが垂れ、それをぬぐおうと手を放してしまって姫が落下する、というストーリーを思いつき、それが採用された。また、作った衣装は遊びでも使われた。姫と王子がカフェごっこでお茶会をしたり、ツバメになって羽ばたきながらテラスで倒れたりなど、役になって遊ぶことを楽しむ姿があった。

〈生活発表会に向けて〉

　ある程度衣装やストーリーができてきたところで、シーンごとに集まり、実際に舞台で動いていくことにした。集まる時間を掲示すると、自分たちで声を掛け合って集まるようになった。パートごとに動きができたところで、全体を通してやってみた。曖昧な部分もあったが、友だちの役を楽しんで見たり、自分たちが考えたことを見てもらううれしさを感じたりしていた。終わった後には、「妖精、すてきだったね！」「カマキリも強そうだったよ」など、認め合う姿もあった。その後は、また役ごとに立ち位置を決めたり動きを揃えたりし、自信をもってできるようにしてから保護者に見てもらう発表会当日となった。日に日に期待が高まっていったので、当日は大きな声で伸び伸びと表現する姿が多く見られ、滞りそうになると友だちが教える場面もあり、自分たちで考えた劇を楽しんでいる様子があった。保護者からたくさんの拍手をもらい、満足感や達成感があふれていた。

　その後も、自分たちで劇の再現をしたり、衣装を身に着けて遊んだりする姿が続き、本当に楽しかったことがわかった。自分たちで創り上げた劇だからこそ、意欲や自信をもって取り組むことができた。

妖精たちで動きの相談　集まるのもいいね！

インタビュー

子ども主体の行事のためのかかわりのポイント

聞き手：河邉貴子
話し手：菅 綾

年間テーマの決め方がカギ

河邉：長期間の取り組みなので、書ききれなかったところもあったかと思います。

菅：最初から年間テーマを「空」にしようと決めたのではなく、「ツバメ」の踊りがみんなすごく好きだったので、要所要所で入れていこうと考えました。「空」をテーマに1年間過ごしながら、生活発表会にもつなげたいと思いました。

河邉：テーマをもって、種まきをしていくのですね。

菅：大きいテーマがあるとイメージがもちやすく、1年間継続するなかでいろいろな楽しさにもつながりますね。

河邉：子どもとの対話からテーマが浮き上がってくるのでしょうか？

菅：はい、そうです。今回は「ツバメ」の踊りが好きだったことがいちばん大きくて。でも「鳥」がテーマではちょっと狭いので、「空」という大きめのテーマにして、誕生表も空を飛ぶものにしました。

一部の子どもの興味がクラスに広がっていくコツ

河邉：でも、「ツバメ」を踊りたいのは一部の子だったのでは？ 誘導的ではなく、自然に広がっていくコツはありますか？

菅：「ツバメ」はコードも難しく、ちょっと高度な踊りです。けれどテレビ番組で見ている子も多かったし、難しいけれど踊れたらかっこいいのでやりたがったんです。遊びをリードしていた子に、みんながついていった感じですね。

河邉：5歳児になったら少し難しいことに挑戦、というのがはまった感じですね。誕生表を「空」に関係するものにするとか、集まった時「ツバメ」を踊るとか、みんなの中にひたひたと「空」というテーマがしみ込んだのでしょうね。それからおもしろかったのが、保護者も巻き込んでいることですね。

菅：皆さんノリのいい方だったので、YouTubeで踊りの解説を見て練習してくれて、運動会で一緒に踊りました。

河邉：園の活動を家庭へ共有して、また園に持ち帰るという、いい循環が生まれたんですね。

保育者の投げかけから始めたのは、なぜ？

河邉：運動会、遊園地ごっことあって友だち関係が深まってきたところで生活発表会に取り組む計画でしたね。

菅：運動会と生活発表会は園行事として日程が決まっています。運動会をみんなで進めることで、子ども同士のつながりができていきました。2学期末の生活発表会は、さらに子ども自身で進められるようにしたかったので、その前の遊園地ごっこは、相談しながら子どもたちのペースで進めていけるようにしました。

河邉：いいですね。運動会では終わった

当日の様子から

カマキリ

モグラ

おやゆび姫とクワガタ

後にみんなでやった一体感がもてて、遊園地ごっこで仲間関係が深まり、主体的な生活発表会につながっていったことがわかりました。その積み重ねがあって、生活発表会がこんなに充実するのですね。

子ども同士のつながりを深め、主体的な生活発表会へ

河邉：ちょっと意外だったのは、生活発表会では菅先生から「おやゆび姫はどうかな？」と投げかけましたよね。

菅：はい。「おやゆび姫」にはツバメが出てくるし、他にもいろいろなものが登場できそうだなと考えました。題材は保育者が決めたのですが、その先の話し合いを十分とれることが大事だと思ったので、みんなで相談して、ストーリーや動きなどをオリジナルで作っていきました。

河邉：題材は決めても、その後、みんなで考えてオリジナルストーリーに広げていけそうという予想があったのですか？

菅：自分のやりたい役で、表現できるといいなと思っていました。例えば、おやゆび姫では「さらわれるのは嫌だ」とか、逆に「さらわれたい」という人もいて、3つの場面に分かれて登場することにしました。恐竜になりたいと言った子に、おやゆび姫に対して恐竜は大きすぎると意見が出たりして、トカゲやカマキリの役に代わることになりました。

河邉：ストーリーに破綻がないよう、起承転結のある話にしたり、モチーフを探していったりするということなのですね。

苦労・工夫した点について

河邉：苦労された点はありますか？

菅：特別支援の子どもが3・4歳児の時には生活発表会に出られなかったので、5歳児では出てほしい気持ちがありました。恥ずかしいから出ないと。でも、仲良くなった子がスズムシ役で衣装を作っていたら、興味をもって着てみたいとなって。それで作ろうよと。仲良くなった子もすごく気にかけてくれて、本番も出ることができました。本人だけではなく、周りの子も「あの子も出られたね」と思えたことが大きかったですね。

河邉：お互いを認め合う姿は、他でも見られたのですか？

菅：思っていた以上に、他の役や作り方にも関心をもつ様子がありました。

河邉：保育者が言わなくても、自発的に集まって活動していたのですか？

菅：テラスとかで自発的に動いてもいま

したが、シーンごとにホールに集まる時間を掲示することもありました。あとは仲良しの子が劇の練習に行っている時、ドッジボールや靴鬼などだれでも入れる遊びがあることを大切にしていました。

河邊：あとは、リリアン編みみたいに個別に続けられる遊びもよく入れますね。担任は生活発表会に向けたグループの活動に付き合うことが多くなるから、そうでない子たちは自分たちで自発的に遊ぶように育っていないとなりませんね。その点もポイントですね。

当日の様子とその後について

菅：こんなにすてきだからおうちの人も感動して泣くかもよ、と話していたら、本当に「お母さん泣いていた」となって。

河邊：そういう反応は子どもたちに自信をもたせますね。保護者の声はどうでしたか。

菅：「4歳の時こうだったのに5歳ではこんなにできるんだ」とか、「決められた劇ではなく、自分で考えて好きな役ができる園でありがたい」という声が多かったです。こだわって衣装を作って、練習や遊びで使って当日にはボロボロになっていたけれど、事前に伝えていたこともあって、保護者の理解はあったと思います。生活発表会が終わっても、違う役を再現して遊んでいたのが、本番のためだけじゃなく、本当に楽しかったからだろうとうれしくなりました。

河邊：保育者が誘導しすぎたらやらせになりますが、子どもとのいい呼吸があって、保育者と子どもが並走している感じだと、全然やらされ感はないですよね。それがすごいと思いました。「行事は日常の延長線上」と言いますが、5歳児なので、少し引き上げたり段差を乗り越えたりする感じはありますよね。

菅：就学に向けた時期なので、一歩一歩自信をもってほしいと思い、背中を押すような言葉かけをしたこともありました。

河邊：友だち関係、自分の好きなものを見つける、とことんやるなど、非認知能力的な積み重ねがすごいと思いました。お話作りの体験、劇遊びもテーマに向かって積み重なり、最後に生活発表会になっていましたね。個と集団が共に育ち合うことはどんなことかとか、その子の良さが生かされる保育など、行事のあり方そのものが保護者に何が大事かを伝えるいい機会になるのではないでしょうか。

生活発表会翌日、再現して遊ぶ

資料2：遊び課題の多重化

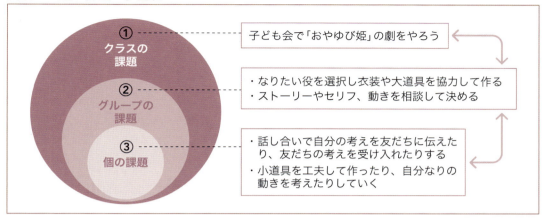

資料3：週日案（生活発表会当日を含む週）から一部抜粋

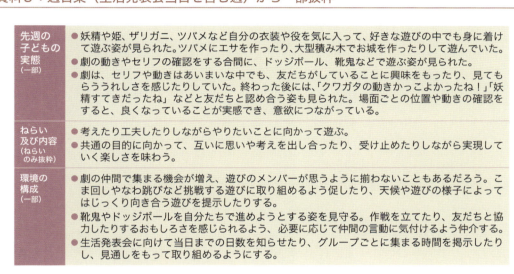

遊び課題の多重化

5歳児後半になると、少し先に目当てをもち、それに向かって友だちと相談しながら遊びや活動を進めていく力が育っています。クラス全体が向かっている方向を意識しながら、自分たちの仲間はどうしていくか、自分はどうしたいかを考え、それに向かって主体的に遊びや活動を進めることが自己充実につながっています。これが「遊び課題の多重化」（資料2）です。

子ども主体の行事を創る

また、実践全体を振り返ると、「個からクラス全体へ」という流れを作ることと、「クラス全体の中で位置付く個（とグループ）」という2つの軸が見えてきます。

資料4：子ども主体の行事を作るポイント

		ポイント		例
長期の指導計画	1.	子ども理解をもとに、「個からクラス全体」につながるモノ・コトを保育者が仮説的に見出す	a. b.	「ツバメ」の踊り ツバメを含む鳥や、空
	2.	1で見出したモノ・コトをいろいろな活動に重ね、「クラス全体のテーマ」を形成していく	c. d. e.	「空を飛ぶもの」で誕生表を作る チョウからの手紙でクラス活動を行う 「おやゆび姫」を提案する
短期の指導計画	3.	「クラス全体のテーマ」を楽しみながら、子どもが自分のやりたいことを選び、取り組めるようにする	f.	ツバメ、スズムシ、モグラ、妖精など、やりたいことを子ども自身が選ぶ、おやゆび姫の登場場面を選ぶ
	4.	興味や関心が同じ個と個がつながり、グループの関係や取り組みを深められるようにする	g. h.	子どもの思いを形にできるような小道具や衣装作り（カマキリの触角や複眼、モグラのとがった鼻など） グループごとに動きや言葉を考え合う
	5.	3・4の取り組みをクラス全体で共有できるようにする	i. j.	各グループの作ったものを見合えるような環境 クラス活動で、全体を通してやってみる

前者は長期の指導計画で見通していきたい部分であり、後者は週日案等短期の指導計画（資料3）で具体化していきたい部分でもあります。

まさに個別最適な学びと協同的な学びを往還させながら、遊びやグループでの取り組みが充実するよう援助し、その要素を構成して劇的表現活動ができていることがわかります。このように、行事が子ども主体の取り組みとなるためのポイントをまとめました（資料4）。

さらに、子どもの主体的な取り組みである遊びの様相と、クラス活動の枠組みの重なりに注目してみてください（図2）。取り組みの初期では、この重なりが小さいかもしれません。子ども主体の行事の取り組みとは、この重なりを大きくしていく営みということもできるでしょう。

さらに生活発表会に向かうグループでの取り組みに保育者がじっくりと援助できた背景として、他児が安定して遊ぶ状

図2：遊びとクラス活動

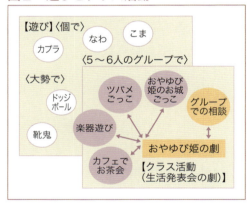

況作りができていたことも重要です。ルールを共有することでだれでも参加できる遊び（ドッジボールや靴鬼）や、個人でじっくり取り組む遊び（こま、なわ、カプラ等）の環境が整っていたことがわかります。このように、子どもの遊びと行事への取り組みの関連に加え、目的に応じた個・グループ・クラス全体といったいろいろな枠組みの活動が同時進行していることが、子ども中心の保育を創ることになるのだと考えます。

5章 長期的なまなざしで見る遊びとクラス活動

子どもが自ら取り組む遊びも、保育者が提案する
クラス活動も、両方が多層的に関連することで、
園生活が豊かに展開していきます。
そうした日常生活の延長線上に、
園行事も創られていくことが大切です。
最後の章では、このような保育をどのように
計画していったらよいのか、
長期的なまなざしで取り組みを見ていきます。

クラス活動と遊びの多層的な関連

クラス活動が起点となって、充実していく遊びがあります（事例1）。
また、子どもの興味や関心に応じてクラス活動を立案することも必要です（事例2）。
このようにクラス活動と遊びが多層的に関連するためには、
どのように計画を立案したらいいのかを考えていきましょう。（田代幸代）

事例1 ザリガニ釣りからつながる体験

執筆：山崎奈美

〈起点となったクラス活動
　　—ザリガニ釣り〉

　5歳児6月、道を隔てた附属小学校の池にザリガニ釣りに行く計画を立てた。当日は天候も良く、夢中になって釣っている様子が見られた。前日までに割り箸に凧糸を付け、エサのスルメを結び付けたことも「釣りたい」という思いを高めたようだ。

　最初に釣り上げたA児に保育者がコツを聞くと「50数えて釣り上げてみるの」ということだった。それを聞いていた周りの子どもも数えて糸を引き上げるようになった。約1時間でほぼ全員が釣り上げた。ザリガニは家から持ってきた飼育ケースに入れ、とても満足そうな表情で園に戻った。自分のペースで釣りに取り組めたこと、友だち同士でよく見たり教え合ったりする様子があったことなど、一人ひとりが心を動かすなかで、共通の体験になっていった。

〈クラス活動から遊びが生まれる
　　—ザリガニ紙芝居〉

　子どもたちがザリガニをよく見ていたことから、自由にザリガニの絵を描くことができる環境を用意した。「頭はどんな形？　ハサミは大きい？」など声をかけながら援助した。形や模様をよく見て描いた子、釣った時の様子を描いた子、ザリガニと遊んでいるところを想像して描いた子など、個性が出ていた。

　約1週間後、B児とC児がザリガニの絵を紙芝居にしようとしていた。

つれるかな

「みんなたのしくみてください」と始めた紙芝居

ざりがにじっけんじょ

ザリガニが散歩していてスルメを見つけて食べたこと、大きいザリガニと小さいザリガニが相撲をしたこと、そしてザリガニがけがをして救急車で運ばれたことをお話にしていた。

　楽しそうな姿から、集合時に読んでもらうことにした。2人は紙芝居を読む机の周りに飾り付けをしてその時間を楽しみにしていた。読んでいる時は恥ずかしそうだったがうれしそうでもあった。友だちもそれをよく見て、お話に反応しながら楽しんでいた。紙芝居の内容は、絵本作りや相撲の遊びをしていた周囲の友だちの姿も影響していたと考える。また、紙芝居を見ている子どもたちは、自分の描画体験やこれまでに得てきたザリガニの知識を踏まえて見ていたこともあって、興味津々かつ共感的な雰囲気が漂っていた。

　このように、この紙芝居の遊びは、ザリガニの描画活動という保育者が意図した活動と、子どもの主体的な遊びが絡みながら生まれた。

〈クラス活動から
　さらに遊びが生まれる〉

　この他にもザリガニに関する踊りやザリガニごっこ、製作など様々な遊びが展開した。製作コーナーには、ザリガニが作れるような材料を置いておいた。見本を見ながら、大きいハサミにしたり、体に好きな模様を飾ったり、名前を付けたりするなど愛着をもって作っていた。

　D児は一部暗いところがあるように大型積み木を組んだ。何を作ったのか不思議に思っていたところ、暗くしたところに製作したザリガニを隠すように置いていた。E児も作ったザリガニを持ってきて場に入ると、暗いところからザリガニを出し入れしたり、時にはけんかさせたりするなど、まるで本物のザリガニのように遊んでいた。D児はその後「ざりがにじっけんじょ」という看板を作って貼り、どうしたらザリガニを磁石で釣れるのかを確かめながら遊んでいた。

　クラスみんなでしたザリガニ釣りの体験が共通にあることで、共有、共感しやすく、それに支えられて意欲的に遊びに取り組む場面が多く見られた。

〈意図的な活動と
　偶発的な出来事から
　行事を創る〉

　本園では毎年7月に夜まで幼稚園で過ごす行事を設定している。ザリガニ釣りの体験から、様々な遊びと活動を楽しんできたので、今年はザリガニを主人公にした創作話を行事のメインにすることにした。

　4〜5人のグループで1m×2mの板段ボールにザリガニを描いたり、一人ひとりが絞り染めをした布を水に見立ててザリガニが住む池を表現したりするクラス活動も取り入れた。ザリガニに関する絵本を読み聞かせるなかでの反応や、偶然庭で見つかった黒いザリガニに驚いた出来事を組み合わせた創作話ができた。

　お話の内容は、池にいた小さな魚たちをブラックザリガニが食べてしまい、それと戦うために自分たちが描いたザリガニが登場するというものだった。ザリガニが出てくるたびに目を輝かせ、声を上げてうれしそうにしていた。また、戦うシーンでは椅子から立ち上がって応援したり手を叩いて喜んだりするなど活気にあふれていた。お楽しみが終わり保育室に戻る時に、F児は「ありがとう」とザリガニの絵に言って部屋から出ていった。

　その後の誕生会にも、このお話の再現は続き、自分たちができるうれしさや行事の興奮もよみがえり、意欲的に参加していた。ザリガニとかかわる子どもたちの姿と、行事が関連し合いながら子どもたちの体験が広がったり深まったりすることを実感した。

心を動かしながら学年の友だちと創作話を見る

事例2 遊びからクラス活動を立案する

執筆：山田有希子

〈話し合いを支える「Pシート」〉

学年2クラスでチーム保育をしているので、保育計画も2クラス共通で作成している。そのため、幼児理解や活動のねらいなどの共通理解と、保育者間の話し合いの積み重ねが欠かせない。

保育者同士で話し合う際のツールとして、遊びとクラス活動等を視覚的に表した「Pシート」(plan-計画、ponder-じっくり考えるの頭文字)を作成している。「Pシート」には、2、3週間程度の実践の振り返りと今後の見通しを入れる。学年や時期に応じて期間は変わることもあるが、互いに考えたことを1つの紙面に挙げていく。視覚的に表されることで、保育者間の認識のずれや新たな見方、疑問などに気付きやすくなるため、話し合いに有効なツールであると考えている。

〈「Pシート」の実際〉

資料1は、4歳児学年5月中旬の「Pシート」である。まず、右上に書いたのはこの頃の遊びの様子である。特に、虫に関係する取り組み―「虫とり」「虫になってあそぶ」「羽や触角（を身に着ける）」「図鑑・月刊絵本（を見る）」「昆虫太極拳（虫のリズムを踊る）」等―が多いこと

資料1：4歳児学年1学期の「Pシート」

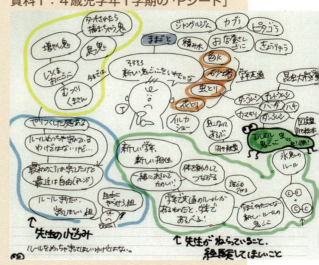

に注目した。

次に右下にこの時の保育者が「ねらっていること、経験してほしいこと」を書いた。新しい学年、新しい担任との生活に安定するために、「一緒にあそんでたのしい！」を積み重ねたい。それには「体を動かしてつながる」活動が適していると考えた。そこで、新しいルールの鬼ごっこを考えようと、中央に示した。

左上にはこれまで経験してきた鬼遊びを振り返り、左下には、それを踏まえ、子どもたちにどのようなことをねらいとした鬼遊びが適切か思いめぐらせている内容を挙げた。こうして、「むしむし鬼ごっこ」という鬼遊びを、クラス活動として提案することを計画した。

自分たちもハチになる

チョウになる

〈「Pシート」で立案した「鬼ごっこ」〉

　氷鬼の遊び方を基本としてアレンジし、子どもたちが自分のペースで動くことができるようにした。当初は保育者が鬼になることで子どもが保育者から一対一で追われるタイミングもあり、保育者と一緒に遊んでいる、つながっている、という気持ちが感じられるようにした。また、「仲間がタッチしたら再び動ける」ことで、友だちとかかわり、友だちに関心が向くきっかけになるようにした。

　子どもたちの身近にあった「虫」を遊びに位置付け、鬼はハチ、他の子は虫とした。子どもたちが様々な虫とのかかわりを楽しんでいる姿から、虫の種類は特定せずになりたい虫になることにした。クラス活動で導入した後、日常の遊びの中でも「むしむし鬼ごっこ」を楽しむ姿があった。鬼はハチのお面を被ったが、逃げる子は、何も被らない、虫のお面を被る、チョウの羽を付ける、など、思い思いの格好で参加していた。

　「Pシート」を使用したことで、子どもたちの姿や経験していること、保育者の思いなどを挙げ、視覚化して相談することができた。活動のやり方だけを2クラスで共通にするのではなく、具体的な名称やルール等の経緯や意味を保育者同士で共通理解したうえでこの活動を実践することができた。

● 多様なアウトプットにつながるクラス活動の提案

　事例1の発端は「今年は、小学校の池に、例年よりもたくさんのザリガニがいる」という情報が届いたことでした。初夏を感じながら自分でザリガニが釣れたらどんなに楽しいか、釣ったザリガニなら意欲的に飼育するのではないか、などの保育者の期待と、連携という意義もあって、ザリガニ釣りは計画されました。

　しかしこうした活動は、子どもが受動

資料2：クラス活動と遊びの多層的な関係

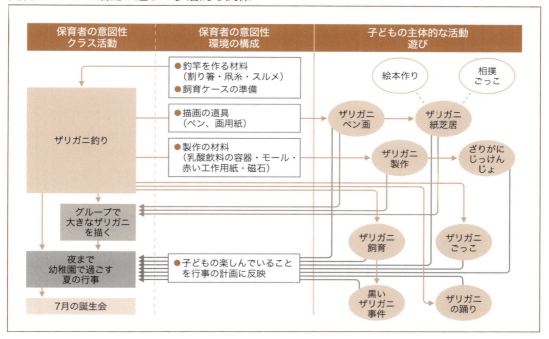

的な展開になりがちです。そこで、事前に釣竿の用意や飼育ケースを自宅から持参するなど、準備を子どもたちと進めました。こうした取り組みを通して、「ザリガニを釣る」という主体的な気持ちが子どもたちに芽生えたと考えられます。だからこそ、ザリガニがいる場所や釣り方を考え、友だちと教え合う姿が引き出されたのでしょう。

また資料2を見ると、ザリガニ釣りのクラス活動から、たくさんの遊びが生まれ、それがさらに夏の行事にもつながったことがわかります。まるでいろいろな都市との接続をする〝ハブ空港〟のような役割を、ザリガニ釣りというクラス活動の体験が果たしています。クラス活動の提案では、こうした子どもが主体となって参加できるような工夫と、多様なア

ウトプットにつながる活動を選択し、計画することが極めて重要です。

多様な実態を踏まえたクラス活動の提案

事例1はクラス活動が起点となって多様な遊びが展開していったものですが、その反対が事例2になります。遊びの様子を整理し、子どもの実態からクラス活動を提案しています。

東京学芸大学附属幼稚園では、研究的な視点から「Ｐシート」を活用していますが、これはウェブマップにも似ています。考えた道筋や関連する事柄を、目で見て捉えやすく、気軽に話しながら形にできるところがメリットです。そうではありますが、指導計画を立案する道筋と

97

同じ手順となっているところに注目してください。①子どもの遊びや楽しんでいることを抽出する（実態把握）②保育者の願いや思いを表す（ねらい及び内容）③これまでの経験を踏まえ、次の活動を具体的に考える（環境の構成・援助）の順番に作成されています。

「4歳児の5月には氷鬼をする」という活動が引き継がれるのではなく、「動きと関係性を楽しめる遊び」という意味が引き継がれることが重要です。そこに重なるイメージは、虫のこともあれば、カエルのことがあってもいいのです。もちろん、そのままの氷鬼を提案して楽しむことも可能でしょう。しかし、「むしむし鬼ごっこ」のほうが、子どもは親近感を覚え、「おもしろそう！」と思う遊びであったと思います。この少しの違いが、大きな保育の質の違いとなるのではないでしょうか。遊びとクラス活動がつながり、子どもが主体的に楽しめるような実践を計画したいと思います。

● 子どもの体験が生きる 環境の構成

クラス全体で共通体験さえあれば、豊かな遊びが生まれてくるわけではありません。事例1では、ザリガニをよく見ることができる環境を整え、描画や製作の道具や材料を用意するなど、保育室周辺にザリガニ釣りの体験がつながる環境を用意しています。科学的にザリガニを扱うことが楽しい子どももいれば、ザリガニを対象物とした表現活動に夢中になる子どももいるなど、興味や関心によって生まれてくる遊びは違います。

ザリガニ紙芝居では、自分たちの釣りの体験をザリガニの立場から捉えて、現実の事柄を織り交ぜながらストーリーができています。また、ザリガニをよく見たり飼育したりしていることが、大きなハサミを作る姿や、体に模様を細かく描き込む姿などに表現されています。暗い場所に隠れる生態や、ザリガニ同士のけんかのエピソードは、ザリガニ釣りにまつわる一連の体験から得た知識が遊びに位置付いていると言えるでしょう。相撲ごっこや絵本作りなど、周囲の子どもの遊びの影響もあって紙芝居の遊びが展開したように、遊びと遊びは相互に刺激し合って充実していきます。遊びが違っても互いに共感できるのは、クラス活動でザリガニ釣りを体験したことが大きいと考えます。

事例2でも、「追う―逃げる」役を交代できるハチのお面や、自分の好きな虫になって参加することができるよう、お面や羽が用意されていました。このように、クラス活動と遊びが関連し、相互に充実していくよう多層的な関連性を生むように計画することが大切です。こうした取り組みの中に、主体的で対話的な学びがもたらされていくと考えます。

2 遊びと生活の集大成から園行事を創る

「子どもを中心」として行事を考えていくと、
「例年は……」という慣習的な内容を整理することができます。
行事を通して育てたいねらいや内容は毎年同じであっても、
その具体像には「今、生活する子どもたちの日常」を反映したいと考えます。
ここでは卒園式の事例を取り上げます。（田代幸代）

 事例 園生活を振り返る卒園式
執筆：山田有希子

〈本園の卒園式〉

　本園の卒園式は、一人ひとりへの「修了証書授与」と、歌と言葉・体での表現を含めた「ようちえんのおもいで」の二部構成になっている。「ようちえんのおもいで」の内容は、子どもたちが幼稚園生活を振り返り、歌いたい歌や、表現したい出来事、行事などを取り入れている。数人のグループで行うことは決めているが、内容や表現方法は相談しながら進めていくため、年度によって変わる。

〈ある年の
「ようちえんのおもいで」〉

1学期 金環日食とOHP

　5月、金環日食があった。早速、日当たりの良いテラスで、G児とH児が互いの影が重なるように移動する「日食ごっこ」が始まった。短い期間だったがちょっとしたブームとなった。日当たりの良い南側テラスでは、多くの子どもたちが通るたびに、「日食～」と言いながら影を重ねることを楽しむ姿が見られた。

　興味が続いた子どもたちは、自分たちの体ではなくいろいろなものの影を映し、「今はこっちがいい」と、時間によって影がしっかり出る向きを考えながら遊ぶようにもなった。また、厚紙で丸いドーナツ型を作り、中にカラーセロハンを貼って太陽や

修了証書授与

抜かされそうな場面を表現した運動会のリレー

月を作り、金環日食を再現する遊びも始まった。保育者は、OHPを用意し、誕生会でのお楽しみとして、影絵の物語を見せることにした。また、夏季保育の夜、集会のオープニングとして、大きな窓に人影を映し、そこから園長先生が登場して集会がスタートするという演出をした。フィナーレの打ち上げ花火と合わせて、光と影の夏季保育となった。

2学期 おばけ屋敷とブラックライト

2学期後半、I児たちがおばけ屋敷を始めた。保育者は、いろいろな光に触れる機会になると考え、ブラックライトを用意した。物珍しさと特別感もあって、I児たちは喜んで使い始めた。

おばけ屋敷の場にブラックライトを設置し、子どもたちは中に入るとしばらくはしゃいでいたが、「靴下光ってる！」「上履き光ってる」と気付き始めた。そこからいろいろなものを持ち込んで、「これは光る」「これは光らない」などを続けた。おばけは白い紙を形に切ったものを壁に貼ったり吊り下げたりした。また、白い紐が光ったので、それもなわのれんのように天井から吊り下げた。お客を呼び、「光るおばけやしき」を楽しんだ。

3学期 「花火」の思い出とブラックライト

幼稚園で過ごすのもあとわずかになり、卒園式の「ようちえんのおもいで」の相談が始まった。夏季保育の打ち上げ花火も再現したいということになった。「夜だから暗くしたい」「いいね〜」と盛り上るなか、「(卒園式なのに暗くしたら) 何も見えな

くなっちゃうよ」という声があり、「そうか……」と諦めムードとなった。するとJ児が「あの、おばけで使ったやつ使えば？」と言った。そこから、保育者は、ブラックライトを使って、打ち上げ花火に見えるためにはどうしたらいいかを子どもと一緒に考え、実現していった。

別の年の卒園式では、箱から花火が飛び出す表現を考えた

子どもの体験の連続性を重視した「形成的プロジェクト」

　卒園式は、園生活の大きな節目です。修了証書を受け取ることが中心ではありますが、事例からは、楽しかった園生活を振り返ることから自分たちの成長を実感し、自信をもって小学校に進学してほしいという願いが感じられます。こうした式のあり方にも園文化が表れています。

　資料3・4は、事例の流れを図示したものです。1年を振り返ってみると、日食ごっこから影遊びにつながり、その後はおばけ屋敷になるなど、遊びの形態は変わりつつも、光と影のおもしろさや不思議さを追求してきたことがわかります。これらは常に連続して遊ばれていたわけではありませんが、時に集中して、また、ある時には再び思い出したように過去の体験に重ねて遊んできたものです。子どもの体験が連続し、1つのまとまりとして形成されていくので、私はこうした取り組みを「形成的プロジェクト」と呼んでいます。卒園式の事例全体は「光と影のプロジェクト」と言えます。また、期間の長短はありますが、前節P.92の事例は「ザリガニプロジェクト」、P.95の事例は「虫プロジェクト」と言うこともできるでしょう。

教育課程と日々の実践をつなぐ保育者の専門性

　資料3の下部は、教育課程で押さえている年間指導計画を配置しました。日々の実践は、長期の指導計画で枠組みを支えられています。資料3の上部は短期の指導計画レベルの実践ですが、その時の子どもの興味や関心で変わってきます。

　子どもが楽しんでいることを捉え、楽

資料3：長期・短期指導計画と行事・遊び

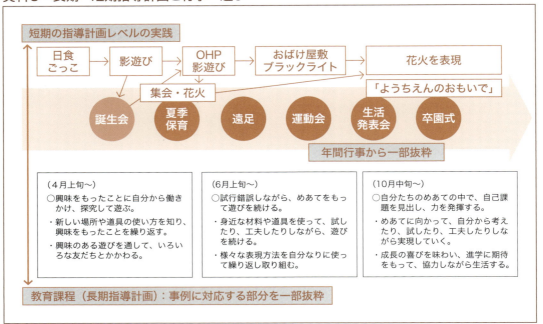

資料4：形成的プロジェクト

　しさが続くための環境を考えること、次に経験してほしい内容を考えて育ちがつながる環境を考えることで、子どもの体験が連続していきます（資料3：矢印が横につながる）。

　また影で遊ぶ子どもの姿から誕生会の内容を考えたり、OHP機器を遊びの環境として提案したりするなど、短期の指導計画と行事もつながりがあります（資料3：矢印が縦に往復する）。遊びが行事につながり、それがまた遊びの楽しさに戻り、その遊びのおもしろさをまた次の行事につなげていく。こうした子どもの主体性である遊びと、保育者から提案する意図的なクラス活動や行事が関連し合いながら、園生活全体が充実していきます。こうした長期と短期、主体性と意図性が連続する保育を構築する専門性が、保育者には求められているのです。

おわりに

「遊びが大事！」「子どもを主体とした保育をしたい」という声を聞きます。おそらくほとんどの保育者は、こう思っているに違いありません。

それにもかかわらず、現場の実践は様々です。子どもを主体とし、子どもの興味や関心から生まれた遊びを育てていくことは、本当に難しい営みだと感じさせられます。実践を記録し子どもの育ちと保育者の援助を振り返る、次の計画を立案する、教材を研究して環境を構成する、多様な役割を果たしながら援助をする。こうしたサイクルをより良く循環させていくところに、「遊びが育つ保育」が実現されるのだと思います。

本書の事例を通して、「遊びが育つ保育」はどのように展開されていくのか、実践の手がかりを感じていただけたら幸いです。それと同時に、こうした保育を目指す現場が増え、幼児教育全体の質が向上することを願います。

本書の出版にあたり、フレーベル館の西川久美さんをはじめ、多くの方にお世話になりました。ご協力いただいたすべての皆さんに、この場をお借りして御礼申し上げます。ありがとうございました。

最後に、私的なことを記すことをお許しください。本書出版の2024年度末は、共著者の河邉貴子先生が聖心女子大学を定年退職される時と重なりました。「遊びが育つ保育」は、河邉先生の代名詞でもあると思います。長い間、幼児教育の充実に尽くされた先生の大きな節目の時に、連載記事をまとめ本書を出版できることに、喜びと感謝の気持ちでいっぱいです。

これからも、本書を手にしてくださった皆様と、幼児教育のさらなる発展のために、遊びが育つ保育実践を共に考え、進めていきたいと思います。

田代幸代

編著者 ― **河邉貴子**（かわべ たかこ）

東京学芸大学教育学部幼稚園教育教員養成課程卒業。同大学大学院教育学研究科（幼児教育学）修士課程修了。東京都公立幼稚園勤務、東京都教育委員会指導主事の後、立教女学院短期大学助教授（同附属幼稚園天使園園長兼務）を経て、現在は聖心女子大学現代教養学部教育学科教授、博士（教育学）。
主な著書：『目指せ、保育記録の達人！ Learning Story + Teaching Story』『遊びが育つ保育〜ごっこ遊びを通して考える』（共にフレーベル館）、『遊びを中心とした保育』（萌文書林）、『保育記録の機能と役割』（聖公会出版）ほか

田代幸代（たしろ ゆきよ）

東京学芸大学教育学部幼稚園教育教員養成課程卒業。東京学芸大学大学院教育学研究科（幼児教育学）修士課程修了。東京都公立幼稚園教諭、立教女学院短期大学専任講師（同附属幼稚園天使園園長兼務）、東京学芸大学附属幼稚園（小金井園舎）副園長を経て、現在は共立女子大学家政学部教授。
主な著書：『目指せ、保育記録の達人！ Learning Story + Teaching Story』『遊びが育つ保育〜ごっこ遊びを通して考える』（共にフレーベル館）、『新訂　事例で学ぶ保育内容　領域　環境』『今日から明日へつながる保育』（共に萌文書林）ほか

執筆担当 ― 河邉貴子　1章、2章-1・3、4章-1・2・3
　　　　　　田代幸代　2章-2・4、3章、4章-4、5章

事例提供 ― 東京学芸大学附属幼稚園

章	節	実例の実践者（敬称略）	保育ナビ初出
2章	1	町田理恵	2022年6月号
	2	栗林万葉	2022年7月号
		菅 綾	2022年8月号
	3	田島賢治	2024年2月号
	4	田島賢治	2022年10月号
3章	1	田島賢治	2023年5月号
		曽根みさき	2023年6月号
	2	山崎奈美	2023年8月号
	3	菅 綾	2023年9月号

章	節	実例の実践者（敬称略）	保育ナビ初出
4章	1	曽根みさき	2022年11月号
		栗林万葉	
	2	栗林万葉	2023年7月号
	3	八木亜弥子	2023年11月号
	4	菅 綾	2023年12月号
5章	1	山崎奈美	2022年5月号
		山田有希子	2024年3月号
	2	山田有希子	2023年3月号

本書は、月刊保育誌「保育ナビ」の連載「遊びが育つ保育　保育者が提案するクラス活動と遊び」（2022年4月号〜2023年3月号）、「3・4・5歳児　遊びが育つ保育　保育者が提案するクラス活動と遊びPartⅡ」（2023年4月号〜2024年3月号）の内容を加筆修正したものです。また、本書の事例と写真は東京学芸大学附属幼稚園から提供されたものです。

本文イラスト − 太田さほ

校正協力 − 鷗来堂

保育ナビブック

遊びが育つ保育Ⅱ
遊びとクラス活動のデザイン

2025年2月14日　初版第1刷発行

編著者　河邉貴子　田代幸代	表紙・本文デザイン　blueJam inc.（茂木弘一郎）
事　例　東京学芸大学附属幼稚園	©KAWABE Takako, TASHIRO Yukiyo　2025
発行者　吉川隆樹	禁無断転載・複写　Printed in Japan
発行所　株式会社フレーベル館	ISBN978-4-577-81553-3　NDC376　104p／26×18cm
〒113-8611 東京都文京区本駒込6-14-9	
電　話　営業：03-5395-6613　編集：03-5395-6604	乱丁・落丁本はお取替えいたします。
振　替　00190-2-19640	フレーベル館のホームページ
印刷所　株式会社リーブルテック	https://www.froebel-kan.co.jp